New
The 바른
스와힐리어
첫걸음

E C K
Books

스와힐리어 첫걸음

초판인쇄 2014년 10월 15일
2판 1쇄 2024년 04월 01일

지은이 오만기 트레버
펴낸이 임승빈
펴낸곳 ECK북스
출판사 등록번호 제 2020-000303호
출판사 등록일자 2000. 2. 15
주소 서울시 마포구 창전로2길 27 [04098]
대표전화 02-733-9950 | **이메일** eck@eckedu.com

제작총괄 염경용
편집책임 정유항, 김하진 | **편집진행** 김예진, 플로리안, 이수영
마케팅 이서빈, 서혜지 | **디자인** 다원기획 | **인쇄** 북토리

ISBN 979-11-6877-337-0
정가 20,000원

ECK교육 | 세상의 모든 언어를 담다
기업출강 · 전화외국어 · 비대면교육 · 온라인강좌 · 교재출판 · 통번역센터 · 평가센터

ECK교육 www.eckedu.com
ECK온라인강좌 www.eckonline.kr
ECK북스 www.eckbook.com

유튜브 www.youtube.com/@eck7687
네이버 블로그 blog.naver.com/eckedu
페이스북 www.facebook.com/ECKedu.main
인스타그램 @eck__official

New

The 바른

스와힐리어
첫걸음

저자 | 오만기 트레버

ECK
Books

케냐는 40개 이상의 부족이 공존하는 나라입니다. 문화와 언어의 다양성은 케냐 사람들에게는 삶의 일부분입니다. 20년 이상 케냐에서 살아온 저로서도 일상이었습니다. 반면, 한국과 같이 한 민족으로 구성된 국가는 한 가지 공용어를 사용하는 경우가 대부분입니다. 그렇기 때문에 외국어 구사 능력은 큰 자산이 됩니다.

한국 땅에 첫 발을 내딛던 날이 아직도 눈에 선합니다. "안녕하세요?" 밖에 몰랐던 저는 '어떻게 일 년 안에 한국어 실력을 최대한 빨리 향상시킬 수 있을까?', '한국어는 세계에서 가장 어려운 언어들 중에 하나라 들었는데, 한국어 능력 시험 잘 볼 수 있을까?' 등 머릿속에 걱정이 가득했습니다.

한국 생활을 시작 한 이후 한국어 공부를 열심히 했지만, 아직도 저의 한국어 실력은 많이 부족합니다. 한국어를 배우면서, 처음 접한 외국어를 습득하는 것이 얼마나 힘들고 두려운 것인지 느꼈습니다. 제 거친 목소리와 어울리지 않게 유치원생처럼 선생님을 따라 하는 것이 처음엔 싫었습니다. '진짜 아이처럼 배워야 실력이 느는 걸까?'도 고민했었고, 열심히 따라 해도 실력이 향상되지 않아 힘들기도 했습니다.

'The 바른 스와힐리어'는 스와힐리어를 처음 접하는 학생이 두려움과 어려움 없이 튼튼한 기초를 쌓을 수 있도록 도와주기 위해 집필한 책입니다. 또한 언어의 묘미를 알아가면서 학생들이 더 공부하고 싶다는 마음을 가질 수 있도록 구성에도 심혈을 기울였습니다. 덧붙여 스와힐리어를 공부하는 한국인 학생들에게 제가 한국어를 공부하면서 느낀 점들을 몇 가지 공유하고 싶습니다.

첫째, 외국어 학습에는 흥미가 동반되어야 합니다. 가령 좋아하는 음식이나 스포츠 선수 인터뷰를 번역하면서 스와힐리어를 공부해 보세요. 성격과 상황에 맞추어 자신에게 맞는 공부 방법을 찾으면 더 쉽고 빠르게 배울 수 있습니다.

둘째, 언어는 마치 연애와 비슷합니다. 사랑하는 사람과 같이 있는 시간이 길수록 그 사랑의 깊이는 깊어지듯, 언어는 또한 꾸준한 연습이 빠른 습득의 지름길입니다.

셋째, 실력이 단기간 내에 향상되지 않아도 절대 포기하지 마세요. 특히 스와힐리어는 한국어의 문형 및 문법이 매우 상이 합니다. 그렇기 때문에 유사한 언어를 학습할 때와 비교해 속도가 느릴 수 있습니다.

책을 한 달 만에 쓸 수 있을 줄 알았는데, 생각보다 그 과정이 어려워 다른 소중한 많은 분들의 도움을 받았습니다. 저를 많이 지도해 주시고 조언을 아낌없이 주신 ECK 교육 가족께 감사의 말씀을 드립니다. 이처럼 더없는 기회를 주신 ECK 교육의 임승빈 대표님, 염경용 부장님, 글로벌 사업부의 플로리안 매니저님과 모든 직원분들께 진심으로 감사를 표합니다. 그리고 한국어를 가르쳐주셨던 김지혜 선생님께 감사드립니다. 또한 번역할 때 도움을 주신 김이수 씨, 이수빈 선생님, 서윤남 선생님께 무한 감사의 말씀을 드리고 싶습니다. 마지막으로, 항상 정신적으로 힘이 되어준 제 가족에게 진심으로 감사합니다.

저자 **오만기 트레버**
Omangi Trevor

목차

The 바른 스와힐리어는 학습자가 혼자서 선생님의 도움 없이 스와힐리어의 기본기를 확실하게 익힐 수 있도록 회화, 어휘, 문법 및 표현, 연습, 문화 순으로 구성되었습니다. 스와힐리어는 7개 국가에서 사용하는 언어이기 때문에 발음과 자주 쓰는 어휘와 표현들은 각 나라마다 다를 수 있습니다. 중요한 차이점이 있는 경우 중간 중간에 설명되어 있습니다.

한 과는 5개의 부분으로 나누어져 있습니다.

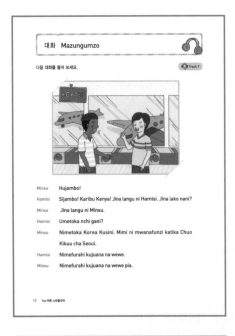

1. Mazungumzo 대화

이 부분에 일상 생활에서 많이 쓰는 표현과 어휘가 많이 나옵니다. 처음 대화를 들을 때 책을 안 보고 듣는 것을 권장합니다. 또한 듣기 실력을 향상시키기 위하여 대본에 빈칸을 채우는 받아쓰기 연습이 마련 되어 있습니다.

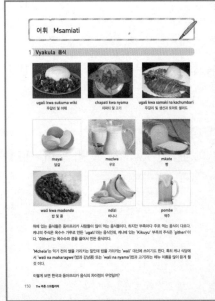

2. Msamiati 어휘

많이 알수록 스와힐리어의 실력을 빨리 향상시킬 수 있는 스와힐리어의 꼭 필요한 기초 어휘입니다. 이 부분에 있는 어휘를 활용하면 다양하고 풍부한 표현을 만들 수 있습니다. 또한 사전을 사용해서 스스로 어휘의 뜻을 찾는 것이 스와힐리어 어휘를 더 빨리 외우는 데 도움이 될 것입니다.

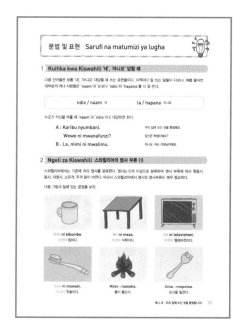

3. Sarufi na matumizi ya lugha 문법 및 표현

이 부분은 스와힐리어 문법뿐만 아니라, 일상 생활에서 어떠한 표현이 어떻게 쓰이는지 설명합니다. 스와힐리어의 명사부류는 14가지가 있으며 이 부분의 설명은 대부분 명사 부류체계에 대한 것입니다. 복잡하고 어려울까봐 미리 걱정할 필요 없습니다. 자세한 설명과 뒤에 마련된 연습 부분이 있어 금방 익힐 수 있습니다.

4. Mazoezi 연습

The 바른 스와힐리어의 연습 문제는 듣기, 말하기, 쓰기, 읽기 연습이 포함되어 있습니다. 연습 문제의 난이도가 조절되어 있어 학습자가 혼자서 풀 수 있을 것입니다. 연습 문제를 푼 뒤에 책 뒷부분에 준비되어 있는 정답을 체크하면 본인의 실력을 확인할 수 있습니다.

5. Mila na tamaduni 문화

이 부분에서는 동아프리카 사람들의 문화가 설명되어 있습니다. 동아프리카는 부족의 수가 많아 문화의 종류가 다양하기 때문에 이 책에서는 몇 개의 주요 부족만 다룹니다. 다른 책과 달리, The 바른 스와힐리어는 요즘 동아프리카 사람들의 생활 방식을 자세히 설명합니다.

point 01

스와힐리어와 동아프리카

동아프리카 지역에서 7개국 이상의 국가에서 스와힐리어를 사용하고 있습니다. 하지만 본 책에서는 우간다, 탄자니아와 케냐에서 사용하는 스와힐리어에 초점을 맞췄습니다. 이 세 나라에서 스와힐리어가 공용어로서 가장 보편적으로 사용하기 때문입니다. (영어도 공용어로 사용되고 있습니다)

'스와힐리'의 어원은 해안이라는 뜻의 아랍어 단어 '사힐'에서 그 어원을 찾을 수 있습니다. 스와힐리어가 동아프리카의 해안에서 처음 통용되었고, 점차 내륙으로 전파되었습니다. 초기에는 가지각색의 방언들이 존재했지만 표준화되는 과정을 통해 '잔지바' '지역의 우군자 방언'이 채택되었습니다. 그러나 아직도 지역마다 그 특색이 남아있어 발음차이가 있는 경우도 많습니다.

현재는 기술의 발전으로 스와힐리어를 쓰는 인구가 점점 늘어나고 있습니다. 정부의 정책 및 단체들의 노력으로 아프리카 외의 지역에서도 스와힐리어를 가르치는 학교들이 생겼습니다. 또한 인터넷에서도 스와힐리어를 쓸 수 있게 되었습니다.

한국에서 스와힐리어의 잠재력

한국 사람들이 종종 쓰는 단어 중 스와힐리어인지 모르고 쓰는 단어들이 있습니다. 여러분 모두가 아는 '사파리'라는 단어가 스와힐리어인지는 혹시 아셨나요? 사파리(safari)는 스와힐리어로 '여행'이란 뜻입니다. 유명한 영화 〈라이온 킹〉에서 나오는 'hakuna matata'라는 표현도 스와힐리어로 '아무 문제가 없다'라는 뜻입니다.

최근 한국의 다국적 기업들이 본격적으로 아프리카에 진출하기 시작했고, 이러한 정황은 한국 사람들에게도 스와힐리어가 앞으로 더 중요한 언어가 될 것임을 의미합니다. 반대로 동아프리카에서는 한국어를 접하는 사람들이 늘어날 것으로 예상됩니다. 저는 이러한 상호간의 교류를 통해 서로의 문화와 언어를 알아갈 수 있는 기회가 더욱 더 많아 질 것이라고 생각합니다.

Alfabeti na matamshi
스와힐리어의 **알파벳**과 **발음**

스와힐리어 알파벳은 영어 알파벳과 매우 유사하기 때문에 짧은 시간으로도 스와힐리어를 읽을 수 있습니다. 영어 알파벳과 다른 점은 스와힐리어 알파벳에는 영어의 'q'가 없고 명칭이 다르다는 점입니다. 그리고 단어를 만들 때 'c'는 단독으로 사용되지 않고 항상 'ch'로 씁니다(예 'cheti'). 스와힐리어는 케냐와 탄자니아 전 지역에서 사용하기 때문에 한국과 마찬가지로 지역별로 발음에 차이가 있을 수 있습니다. 그러나 우리는 이번 과를 통해 표준 스와힐리어를 학습할 것입니다.

01 Alfabeti ya Kiswahili • 스와힐리어 알파벳　　　　Track 1

알파벳		명칭	알파벳		명칭
A	a	아	M	m	마
B	b	바	N	n	나
CH	ch	차	O	o	오
D	d	*다	P	p	파
E	e	에	R	r	*라
F	f	*파	S	s	사
G	g	가	T	t	타
H	h	하	U	u	우
I	i	이	V	v	*바
J	j	자	W	w	와
K	k	카	Y	y	야
L	l	*라	Z	z	*자

* 이해를 돕기 위해 한글로 발음 표시를 했으나 한국어와 발음이 다른 알파벳이 있습니다. 음성파일을 들어 보면 실제 발음을 정확히 알 수 있습니다.

02 Vokali • 모음

모음		보기	
a	[a]	abiria	ahadi
e	[e]	elimu	embe
i	[I]	imba	fisi
o	[o]	ombi	jumamosi
u	[u]	ukuta	kalamu

03 Konsonanti • 자음

모음		보기	
b	[b]	baba	beba
ch	[tʃ]	chakula	cheka
d	[d]	dereva	dirisha
f	[f]	furaha	fedha
g	[g]	gari	goti
h	[h]	harufu	hela
j	[ʃ], [dʒ]	jua	jina
k	[k]	kaka	kiti
l	[l]	lala	likizo
m	[m]	mtoto	mlango
n	[n]	nene	neno
p	[p]	paa	polisi
r	[r]	reli	ruka
s	[s]	sauti	safi
t	[t]	taa	tabia
v	[v]	vizuri	vumbi
w	[w]	wakati	watu
y	[j]	yai	yeye
z	[z]	zulia	zamani

- 대부분의 자음은 영어의 알파벳과 유사합니다. 단, 주의할 점은 'v', 'z', 'f'는 한국어에 없는 발음이므로 더욱 주의해야 합니다.

- 자음 'b', 'd', 'g'를 발음할 때 부드럽게 하면 다소 어색하게 들릴 수 있으므로 'b', 'd', 'g'를 항상 강하게 발음해야 됩니다.

- 'r'과 'l'을 잘 구분해야 됩니다. 특히 'r'의 경우 영어의 'r'보다 스페인어의 'rr'과 비슷하게 더 강하게 굴려서 발음해야 합니다.

04 Muugano wa konsonanti • 자음 조합   Track 4

자음 조합	보기	자음 조합	보기
ny	nyanya	ng	ngeli
ng'	ng'ombe	mb	mbili
bw	mbwa	kh	shekh
dh	dhahabu	nj	njia
th	theluji	vy	vyoga
gh	ghali	my	kimya
mw	mwitu (뮈투)	nd	ndewe

자음 'w'는 다른 하나 또는 두 개의 자음과 합쳐 하나의 소리를 만들 수 있습니다.   Track 5

'w' 자음 조합	보기	자음 조합	보기
bw	bweni	sw	swali
jw	kunjwa	chw	kichwa
kw	kwapa	ngw	ngwara
tw	twiga	ndw	pendwa
zw	tuzwa	shw	shwari
pw	upwa	nyw	kinywa
gw	gwaride	njw	ugonjwa

'm', 'n' 모음 없이 음절을 이룬다		일반 음절	
nchi	[n-chi]	mbweha	[mbwe-ha]
mti	[m-ti]	ndege	[nde-ge]
nta	[n-ta]	meli	[me-li]

한국어에는 약모음인 'ㅜ'와 'ㅣ'가 강모음과 연달아 나오면 두 모음이 합쳐서 한 음절로 발음하는 경우가 있습니다. 예를 들어 'ㅣ'와 'ㅏ'가 연속되면 'ㅑ'로 발음됩니다. 하지만 스와힐리어는 그런 경우가 없습니다. 모음이 연달아 나오는 경우 모음을 하나 하나 구분해서 발음해야 합니다.

06 Shada / mkazo • 강세

스와힐리어는 주로 문장 또는 절의 뒤에서 두번째 음절에 강세를 줍니다. 음절이 두 개만 있는 경우에는 첫째 음절에 강세를 줍니다.

mtóto [m-to-to]   saháni [sa-ha-ni]

réli [re-li]   ´mtu [m-tu]

스와힐리어는 한국어와 같이 외래어가 많습니다. 어떠한 단어는 위와 같은 이런 규칙을 따르지 않는 경우가 있습니다. 이는 대부분 외래어들입니다. 이러한 외래어들은 아직 스와힐리어화가 되지 않았기 때문에 스와힐리어를 배울 때 꼭 주의를 해야 합니다.

Wahusika
등장인물 **소개**

Minsu / 민수

안녕하세요! 한국에서 온 민수입니다.
스와힐리어를 배우고 구경도 할 겸
동아프리카에 왔습니다.
저는 여행하는 것을 좋아합니다.

Hamisi / 하미시

안녕하세요. 케냐에서 온 하미시입니다.
저는 세계 문화에 관심이 많고 외국인 친
구를 사귀는 것을 좋아합니다.

Amina / 아미나

안녕하세요. 나이로비 대학교에 재학 중
인 아미나라고 합니다.
제 전공은 프랑스어이고 앞으로 프랑스
대사관에서 일하고 싶습니다.

Ali / 알리

안녕하세요. 제 이름은 알리입니다.
저는 하미시의 삼촌이고 농사를 짓습니다.

Hujambo!

안녕하세요!

다음 대화를 들어 보세요.

Minsu   **Hujambo!**

Hamisi   **Sijambo! Karibu Kenya! Jina langu ni Hamisi. Jina lako nani?**

Minsu   **Jina langu ni Minsu.**

Hamisi   **Umetoka nchi gani?**

Minsu   **Nimetoka Korea Kusini. Mimi ni mwanafunzi katika Chuo Kikuu cha Seoul.**

Hamisi   **Nimefurahi kujuana na wewe.**

Minsu   **Nimefurahi kujuana na wewe pia.**

≫ 대화 해석

민수   안녕하세요.

하미시   안녕하세요. 케냐에 오신 것을 환영합니다. 제 이름은 '하미시'인데, 이름이 뭐예요?

미수   제 이름은 '민수'예요.

하미시   어디에서 왔어요?

민수   한국에서 왔어요. 저는 서울대학생이에요.

하미시   만나서 반갑습니다.

민수   저도 만나서 반갑습니다.

Msamiati mpya 새 단어

jina	이름	mwanafunzi	학생
Korea Kusini	한국	chuo kikuu	대학교
nchi	나라	furaha	행복

어휘 Msamiati

1 Nafsi 인칭 대명사 (1)

다음은 스와힐리어의 인칭 대명사들이다. 겉으로는 간단해 보이지만 동사나 명사, 소유격 등과 같이 나타나는 경우 일치 현상을 통해 다르게 나타날 수 있다. 인칭 대명사에 대해서는 5과에서 더 자세히 알아보자.

	1 인칭	2 인칭	3 인칭
단수형	mimi	wewe	yeye
복수형	sisi	nyinyi / ninyi	wao

2 Nchi na wananchi 국가 및 국적

	Nchi 국가		Mwananchi 국적	
	Kenya	케냐	Mkenya	케냐인
	Tanzania	탄자니아	Mtanzania	탄자니아인
	Amerika Marekani (특히 탄자니아에서)	미국	Mwamerika Mmarekani	미국인
	Korea Kusini	한국	Mkorea	한국인
	Ufaransa	프랑스	Mfaransa	프랑스인
	Ujerumani	독일	Mjerumani	독일인
	Uingereza	영국	Mwingereza	영국인
	Italia	이탈리아	Mwitalia	이탈리아인

3 Kazi mbalimbali 직업

mwanafunzi	학생	mwanamuziki	가수
mwalimu	선생님	dereva	운전수
daktari	의사	mchezaji	선수
muuguzi	간호사	mfanyakazi wa benki	은행 직원
polisi	경찰	mpishi	요리사

문법 및 표현 Sarufi na matumizi ya lugha

1 Salamu 인사말

스와힐리어의 인사 표현은 다양하다. 상황, 관계, 시간, 위치 등에 따라 다르다. 스와힐리어의 인사 표현은
다음과 같다.

❶ 비공식적인 자리에서 쓰는 인사 표현

인사		대답	
Niaje!	어떻게 지내?	Poa!	좋아! / 잘 지내고 있어!
Sema!	어떻게 지내?	Poa! / Fiti!	좋아! / 오케이!
Unaendeleaje?	어떻게 지내?	Tuko poa!	잘 지내고 있어!

위의 인사말들은 가깝거나 친한 사람에게 인사를 할 때 쓸 수 있지만, 공식적인 자리에서 쓰는 것은
바람직하지 않다.

❷ 공식적인, 비공식적인 자리에서 상관없이 쓰는 인사 표현

인사		대답	
Habari yako? / Habari gani?	잘 지내세요?	Mzuri. / Njema.	좋습니다. / 잘 지내고 있어요.
Habari zako?	잘 지내세요?	Nzuri.	좋습니다. / 잘 지내고 있어요!
Jambo?	안녕하세요?	Jambo!	안녕하세요!

탄자니아에서는 주로 'Habari zako?'를 많이 쓰지만, 케냐에서는 주로 'Habari yako?'를 많이 쓴다.

❸ 공식적인 자리에서만 쓰는 인사 표현

인사		대답	
Hujambo?	안녕하세요? (한 명에게)	Sijambo.	**저**는 잘 지내고 있어요.
Hamjambo? * Waambaje?	안녕하세요? (여러 명에게)	Hatujambo.	**저희**는 잘 지내고 있어요.
		Naamba vyema.	좋습니다.
Shikamoo?	안녕하세요? (윗사람에게)	Marahaba.	안녕하세요. (아랫사람에게)

'Waambaje?'라는 표현은 주로 안부를 물어볼 때 쓰지만 초면인 경우에 사용하면 어감상 어색하다. 그 외의 인사표현들은 안부를 물어보거나 처음 만날 경우 모두 쓰일 수 있는 인사 표현이다. 처음 만날 때는 'Jambo!'라고 인사할수 있다. 'Jambo'는 'hujambo'의 줄임말이다.

❹ 시간에 따른 인사표현

시간	인사		대답	
아침	Habari ya asubuhi?	어떻게 지내세요?	Njema. / Nzuri.	좋습니다. /잘 지내고 있어요.
점심	Habari ya mchana?	어떻게 지내세요?		
저녁	Habari ya usiku?	어떻게 지내세요?		

탄자니아에서는 'ya' 대신에 주로 'za'라고 쓴다. 문법적으로 'za'는 'ya'의 복수형이지만 동일한 의미를 가진다. 명사 'habari'는 복수형의 형태가 동일하기 때문에 'za'와 'habari'를 함께 쓸 수 있다.

스와힐리어에서는 상대방에게 인사할 때 보통 상대방의 이름, 지위, 직업 등을 함께 부른다. 어르신께 인사를 드릴 때 'mzee'라는 경칭어와 함께 인사 드리는 것이 좋고, 남자에게 인사할 때 'bwana', 여자에게 'bibi'라고 부른다. 친한 사이인 경우에는 '형제'라는 뜻을 갖는 'ndugu' 또는 '자매'라는 뜻을 가진 'dada'를 쓰면 된다.

> 예문
>
> **Habari yako bwana?**　　안녕하세요?　(남자에게)
>
> **Habari yako mzee?**　　安녕하세요?　(할아버지께)

'Habari'라는 말은 아랍어에서 빌려 쓴 말이고 '소식' 또는 '안부'란 뜻을 한다. 'Habari yako?'를 직역하면 '너의 안부는 어떻니?'라고 해석한다.

❺ 작별 인사 및 기타 인사 표현

작별 인사		기타 인사	
Kwaheri.	안녕히 가세요.	Lala salama.	잘 자요.
Tuonane baadaye.	나중에 봐요.	Safiri salama.	잘 다녀와요.
Tuonane tena.	또 만나요.	* Nakutakia kila laheri.	행운을 빌어요.

＊ 'Nakutakia kila laheri'라는 말은 본래 인사말은 아니지만 친구들 사이에서는 많이 쓰인다.

2 Kujitambulisha 자기소개

어떤 사람을 처음에 만나게 되면 그 사람에 대해 알고 싶어 이것 저것 묻게 된다. 새로 만난 사람에게 스와힐리어로 어떻게 질문을 하고 어떻게 대답을 해야 할지를 배우도록 하겠다.

❶ Kuuliza jina 상대방의 이름을 물어보기

A : Jina lako (ni) nani?　　　　　　당신의 이름은 무엇입니까?

B : Jina langu ni Minsu.　　　　　　제 이름은 민수입니다.

❷ Kuuliza nchi 상대방의 출신 국가를 물어보기

A : Umetoka nchi gani?　　　　　　어느 나라에서 왔어요?

B : Nimetoka Ujerumani.　　　　　독일에서 왔어요.

A : Umetoka nchi gani?　　　　　　어느 나라에서 왔어요?

B : Mimi ni Mkorea.　　　　　　　저는 한국 사람이에요.

A : Umetoka wapi?　　　　　　　어디에서 왔어요?

B : Nimetoka Korea Kusini.　　　　한국에서 왔어요.

'umetoka'는 '당신은 ~에서 왔다'는 뜻인데 현지에서 'unatoka'라고 질문하는 사람도 있다. '-na-'는 한 동작이 진행 중이란 뜻이고, '-me-'는 행동이 끝났다라는 것을 보여주는 'kiambishi(접사)'이다.

❸ Kuuliza makao 상대방의 거주지에 대해 물어보기

A : Unaishi wapi?　　　　　　　어디에 살아요?

B : Ninaishi Nairobi.　　　　　　나이로비에 살아요.

A : Unakaa wapi?　　　　　　　어디에 살아요?

B : Ninakaa katika bweni la chuo kikuu.　대학교 기숙사에 살아요.

'-ishi'는 '살다'라는 뜻을 가진 동사이고 '-kaa'는 '머무르고 있다'는 뜻을 가진 동사이다. 'katika'는 한국어의 조사 '~에'와 같이 동작이나 상태가 일어나는 장소를 가리키는 전치사이다.

❹ Kuuliza kazi 상대방의 직업에 대해 물어보기

    A : Unafanya kazi gani?   무슨 일을 해요?

    B : Mimi ni mwanafunzi.   저는 학생이에요.

'ni'는 한국어의 '∼이다'와 같이 주어의 상태나 성질을 서술하는 동사이다. 다른 스와힐리어 어휘와 달리 'ni'는 성, 지시 또는 인칭 대명사, 복수형, 단수형 등에 상관없이 같은 형태로 쓰인다. 비공식적인 대화에서 자기 이름도 이렇게 소개 할 수 있다.

    Mimi ni Maria.   저는 마리아입니다.

❺ '만나서 반갑습니다'

마지막으로 '만나서 반갑다' 또는 '만나게 되어서 기쁘다'라는 말을 배워 보겠다.

    A : Nimefurahi kujuana na wewe.   당신과 알게 되어서 반가워요.

    B : Nina furaha kukutana na wewe.   만나서 반갑습니다.

위에서 배운 표현들을 사용하여 다음과 같은 대화를 할 수 있다.

A	Jina lako ni nani?	당신의 이름은 무엇입니까?
B	Jina langu ni Minsu.	제 이름은 민수입니다.
A	Umetoka nchi gani?	어느 나라에서 왔어요?
B	Mimi ni Mkorea.	저는 한국 사람이에요.
A	Unaishi wapi?	어디에 살아요?
B	Ninaishi Nairobi.	나이로비에 살아요.
A	Unafanya kazi gani?	무슨 일을 해요?
B	Mimi ni mwanafunzi.	저는 학생이에요.
A	Nimefurahi kujuana na wewe.	당신과 알게 되어서 반가워요.
B	Nina furaha kukutana na wewe.	만나서 반갑습니다.

연습 Mazoezi

1 아래의 대화를 읽어 보세요.

대화 1

A : Jambo! Jina langu ni Petero.
　　Mimi ni Mmarekani.
　　Mimi ni mwanafunzi.
　　Ninaishi Nairobi.
B : Karibu Kenya!
A : Asante.

A : 안녕하세요! 제 이름은 페드로입니다.
　　저는 미국 사람입니다.
　　저는 학생입니다.
　　나이로비에 살아요.
B : 케냐에 오신 것을 환영합니다!
A : 감사합니다.

대화 2

A : Habari bwana?
B : Mzuri sana!
A : Umeamka vyema?
B : Ndio. Nimeamka vyema.
A : Uwe na siku njema!
B : Tuonane baadaye.

A : 잘 지내요?
B : 잘 지내요!
A : 잘 일어났어요? *
B : 네. 잘 일어났어요. *
A : 좋은 하루 되세요.
B : 나중에 봐요.

※ 케냐와 탄자니아에서는 아침에 '잘 일어났나요?'라고 안부 인사를 한다.

대화 3

A : Hujambo? Jina lako nani?
B : Sijambo. Jina langu ni Maria.
A : Umetoka nchi gani?
B : Nimetoka Ujerumani.
A : Unafanya kazi gani?
B : Mimi ni mwalimu wa Kijerumani.

A : 안녕하세요. 이름이 뭐에요?
B : 안녕하세요. 제 이름은 마리아에요.
A : 어디에서 왔어요?
B : 독일에서 왔어요.
A : 무슨 일을 하세요?
B : 저는 독일어 선생님이에요.

2 본문을 다시 듣고 다음 질문에 답하세요.　 Track 7

❶ Minsu ametoka nchi gani?

_____

❷ Minsu anafanya kazi gani?

_____

3 다음 친구들의 자기소개를 보기와 같이 써 보세요.

Hamisi / Kenya

Jina langu ni Hamisi.
Mimi ni Mkenya.

Minsu / Korea Kusini

Jina langu ni Minsu.
Mimi ni Mkorea.

❶ Amelie / Ufaransa

_____
_____

❸ Luigi / Italia

_____
_____

❷ Uwe / Ujerumani

_____
_____

❹ Amir / Tanzania

_____
_____

4 그림을 보고 보기와 같이 다음 친구들의 자기소개를 만들어 보세요.

Juma / Amerika

Baraka / Tanzania

Githu / Kenya

Jina langu ni Juma.
Nimetoka Amerika.
Mimi ni daktari.

5 아래의 대화 작문을 완성하세요.

Jina _____ ni Daudi.

_____ Uingereza lakini _____Nakuru, Kenya.

_____ ni mwalimu wa historia.

Medina : _____ _____ mchana?

Maria : _____ _____. Yako je?

Medina : Nzuri pia.

Maria : _____ _____.

Medina : Kwaheri!

여기에 본인의 모습을 그리고, 옆 칸에 배웠던 표현들을 사용하여 간단한 자기소개를 작성해보세요.

6 유튜브에서 'Kenya Boys Choir'의 'Jambo bwana'라는 노래를 찾아서 들어 보세요.
아래의 노래 가사를 완성해 보세요.

Jambo Bwana

Jambo, Jambo bwana.

Habari _____?

Mzuri _____.

Wageni mwakaribishwa,

Kenya yetu _____ _____.

Track 9

Maamkizi

Maamkizi ni muhimu sana katika tamaduni ya nchi zote za Afrika mashariki. Kupitia kwa maamkizi, watu hujuliana hali na kuboresha uhusiano. Kuna tofauti chache kati ya maamkizi ya Wakorea na ya Waswahili. Kwanza ni jinsi ya kusalimiana. Wakorea huinamisha shingo wanaposalimiana lakini Waswahili husalimiana kwa mikono. Ukisalimia mtu ambaye ana umri zaidi, ama cheo muhimu, ni jambo la busara kutumia mikono yako miwili.

인사

동아프리카 나라에서 인사는 아주 중요한 것이다. 인사를 통해, 사람들은 안부를 묻고 친밀한 관계를 만든다. 동아프리카 인사와 한국 인사는 조금 차이가 있다. 가장 큰 차이는 인사하는 방법이다. 한국 사람들은 인사할 때 고개를 숙이지만, 동아프리카 사람들은 악수를 한다. 나이 많은 사람이나 지위가 높은 사람과 악수할 때는 두 손으로 하는 것이 예의다.

Karibu nyumbani!

우리 집에 오신 것을 환영합니다!

다음 대화를 들어 보세요.

Track 10

Hamisi	Karibu nyumbani.
Minsu	Asante sana Hamisi.
Hamisi	Samahani, nikupe soda ama chai?
Minsu	Niko sawa. Hamisi, hiki ni kiti?
Hamisi	Hapana, hicho ni kijiko na huu ni mkeka.
Minsu	Chakula hupikwa wapi?
Hamisi	Chakula hupikwa jikoni.

≫ 대화 해석

하미시   집에 오신 것을 환영해요.

민수   고마워요, 하미시.

하미시   실례지만, 소다나 차를 마실래요?

민수   저는 괜찮아요. 하미시, 이것은 의자예요?

하미시   아니요, 그것은 숟가락이고 이것은 카펫이에요.

민수   음식은 주로 어디에서 만들어요?

하미시   음식은 주로 부엌에서 만들어요.

Msamiati mpya 새 단어

Samahani.	실례합니다.	kiti	의자
soda	소다	chakula	음식
chai	차	~pika	요리하다
mkeka	카펫	ama	아니면, 혹은
Niko sawa.	저는 괜찮습니다.	Karibu nyumbani.	어서 오세요. / 우리 집에 오신 것을 환영합니다.
kijiko	숟가락		

어휘 Msamiati

1 Nyumbani 집에서

kijiko 숟가락

sahani 접시

sufuria 냄비

kikombe 컵

meza 식탁

kiti 의자

mlango 문

dirisha 창문

kitanda 침대

choo 화장실

Jikoni 부엌

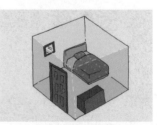

chumba cha kulala 침실

2 Msamiati wa adabu 공손한 표현

Pole.	미안합니다.	Nisaidie.	도와 주세요.
Niwie radhi.	실례합니다.	Samahani.	실례합니다., 미안합니다.
tafadhali	부탁할 때 (Please)	Asante.	감사합니다.

문법 및 표현 Sarufi na matumizi ya lugha

1 Kuitika kwa Kiswahili '네', '아니요' 답할 때

다음 단어들은 보통 '네', '아니요' 대답할 때 쓰는 표현들이다. 지역마다 주로 쓰는 말들이 다르다. 예를 들자면 대부분의 케냐 사람들은 'naam'과 'la'보다 'ndio'와 'hapana'를 더 잘 쓴다.

> ndio / naam 네　　　　　la / hapana 아니요

누군가 자신을 부를 때 'naam'과 'ndio'라고 대답하면 된다.

A : Karibu nyumbani.　　　　　　　　　우리 집에 오신 것을 환영해요.

　　 Wewe ni mwanafunzi?　　　　　　　당신은 학생이에요?

B : La, mimi ni mwalimu.　　　　　　　아니요. 저는 선생님이에요.

2 Ngeli za Kiswahili 스와힐리어의 명사 부류 (1)

스와힐리어에서는 기준에 따라 명사를 분류한다. 명사는 10개 이상으로 분류하며 명사 부류에 따라 형용사, 동사, 대명사, 소유격, 주격 등이 바뀐다. 따라서 스와힐리어에서 명사와 명사부류는 매우 중요하다.

다음 그림과 밑에 있는 문장을 보자.

Hiki ni kikombe.
이것이 컵이다.

Hii ni meza.
이것이 식탁이다.

Hii ni televisheni.
이것이 텔레비전이다.

Huu ni mswaki.
이것이 칫솔이다.

Moto unawaka.
불이 붙는다.

Uma umepotea.
포크을 잃었다.

'Huu', 'hiki', 'hii'는 지시사이다. 지시사에 대해서는 8과에서 더 자세히 배워 보겠다. 'Meza'와 'televisheni'는 똑같은 지시사를 쓰기 때문에 직관적으로 같은 명사 부류에 있다는 것을 알 수 있다. 또, 'moto'와 'uma'는 3인칭 동사 'u'로 시작하기 때문에 같은 명사 부류이다.

다음 표에서 스와힐리어의 명사 부류를 확인할 수 있다.

Ngeli 명사부류	Mfano 보기				
	단수형		복수형		
A – WA	mtu mtoto	사람 아이	watu watoto		
U – I	mkono mti	손 나무	mikono miti		
KI – VI	kisu chakula	칼 음식	visu vyakula		
LI – YA	embe tunda	망고 과일	maembe matunda		
U – YA	ugonjwa upishi	병 요리	magonjwa mapishi		
I – ZI	dawa chupa	약 병 (유리 병)	madawa chupa		
U – ZI	uso ulimi	얼굴 혀	nyuso ndimi		
U – U	unga ugali	가루 (옥수수로 만든 음식)	unga ugali		
I – I	miwani mirathi	안경 유산	miwani mirathi		
YA – YA	mazishi maji	장례식 물	mazishi maji		
KU – KU	kusoma kulia	공부하다 울다	kusoma kulia		
Mahali 장소	PO / PA 정해진 곳		hapa 여기	hapo 거기	pale 저기
	KO / KU 정해지지 않은 곳		huku 여기	huko 거기	kule 저기
	MO / MU 안에		humu 여기	humo 거기	mle 저기

❶ Ngeli ya 'A-WA'

'A-WA' 부류에 있는 명사는 대부분 살아 있는 사람과 동물이다. 명사의 단수형은 일반적으로 'm'로 시작하고 복수형은 'wa'로 시작한다. 명사가 단수형일때 동사는 'a'로 시작하고 명사가 복수형일때 동사는 'wa'로 시작한다.

---

mwanafunzi 학생　　**mwalimu** 선생님　　**mtoto** 아이　　**mpishi** 요리사

Mwanafunzi **a**nasoma.
학생이 공부한다.

Wanafunzi **wa**nasoma.
학생들이 공부한다.

Mwalimu **a**nafunza.
선생님이 가르친다.

Walimu **wa**nafunza.
선생님들이 가르친다.

❷ Ngeli ya 'KI-VI'

일상생활에 사용하는 대부분의 물건들이, 'KI-VI'부류에 있다. 보통, 명사의 단수형은 'ki'로 시작하고 복수형은 'vi'로 시작한다.

---

kikombe 컵　　**kisu** 칼　　**kiti** 의자　　**kitanda** 침대

Kikombe **ki**meanguka
컵이 떨어졌다.

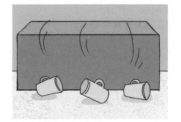

Vikombe **vi**meanguka
컵들이 떨어졌다.

Kiti kimevunjika
의자가 부서졌다.

Viti vimevunjika.
의자들이 부서졌다.

❸ Ngeli ya 'U-I'

나무, 신체 일부분 및 어떤 물건은 '**U-I**'명사 부류에 있다. 명사의 단수형은 '**m**' 접두사로 시작하고 복수형은 '**mi**' 접두사로 시작한다. 그리고 명사가 단수형일 때 동사는 '**u**'로 시작하고 복수형일 때는 '**i**'로 시작하다.

Mti umemea.
나무가 자랐다.

Miti imemea.
나무들이 자랐다.

Mkono umevunjika.
손이 부러졌다.

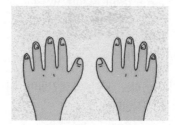

Mikono imevunjika.
손들이 부러졌다.

❹ Ngeli ya 'LI-YA'

대부분 명사들은 단수형일 때 '**ji**'로 시작하고, 복수형일 때 '**ma**'로 시작한다. 동사 '**li**'로 시작하고 복수형일 때 '**ya**'로 시작한다.

jiwe 돌   **jicho** 눈

Jicho linauma.	Macho yanauma.
눈이 아프다.	눈들이 아프다.

❺ Ngeli ya 'U-YA'

'U-YA' 부류 명사는 대부분 추상적이다. 명사는 단수형일 때 'u'로 시작하고 복수형일 때 'ma'로 시작한다. 그리고 명사가 단수형일 때 동사는 'u' 시작하고 복수형일 때 'ya'로 시작한다.

> **ugonjwa** 병　　　　　**upishi** 요리

Ugonjwa umeenea.　　　　　　　　질병이 퍼졌다.

Magonjwa yameenea.　　　　　　　질병들이 퍼졌다.

❻ Ngeli ya 'I-ZI'

'I-ZI' 부류 명사는 단수형일 때, 복수형일 때 명사에 변화가 없다. 하지만, 동사가 변한다. 단수형일 때 'i'이고, 복수형일 때 'zi'로 변한다.

> **sentensi** 문장　　　**alfabeti** 알파벳　　　**kamusi** 사전

Kamusi imepotea.　　　　　　　　사전이 사라졌다.

Kamusi zimepotea.　　　　　　　사전들이 사라졌다.

Sentensi imekamilika.　　　　　　문장이 완성되었다.

Sentensi zimekamilika.　　　　　문장이 완성되었다.

❼ Ngeli ya 'U-ZI'

'U-ZI' 명사 부류의 특징은, 대부분 명사가 단수형일 때 'u'로 시작하고 복수형일 때 'u'가 사라진다. 명사가 단수형일 때 동사가 'u'로 시작하고 복수형일 때 'zi'로 시작한다.

ufunguo 열쇠	**ukuta** 벽

Ufunguo umepatikana.
열쇠를 찾았다.

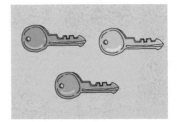

Funguo zimepatikana.
열쇠들을 찾았다.

연습 Mazoezi

1 아래의 대화를 읽어 보세요.

대화 1

A : Karibu nyumbani.
B : Asante. Nisaidie na maji ya kunywa.
A : Ah! Ndio haya maji.
B : Umesahau kikombe.
A : Oh! Samahani! Ndicho hiki.

어서 오세요.
감사합니다. 물 좀 주세요.
아! 여기에 있어요.
컵을 안 가져왔어요.
오! 미안합니다.이거예요.

대화 2

A : Chumba cha kujisaidia kiko wapi?
B : Kiko pale.
A : Chumba cha kulala je?
B : Chumba cha kulala ndicho kile.
A : Asante.
B : Karibu.

화장실 어디에 있어요?
저기에 있어요.
침실은요?
침실은 저기예요.
감사합니다.
천만에요.

대화 3

A : Karibu sebuleni.
B : Samahani, choo kiko wapi?
A : Choo kiko pale.
B : Asante.
A : Tafadhali usipige kelele usiku.

어서 오세요.
실례합니다, 화장실은 어디에 있어요?
화장실은 저기에 있어요.
감사합니다.
밤에 떠들지 마세요.

2 본문을 다시 듣고 다음 질문에 답하세요.   Track 10

❶ Minsu na Hamisi wako wapi?

_____

❷ Chakula hupikwa wapi?

_____

3 아래의 명사들을 'ngeli'에 따라 정리해 보세요.

> **보기**
>
> mti – 나무   kisu – 칼   kiberiti – 성냥갑   ufagio – 빗자루
> mwanafunzi – 학생   kamusi – 사전   mmea – 식물   kuku – 닭
> sentensi – 문장   ufunguo – 열쇠   sabuni – 비누   jiwe – 돌

Ngeli	Nomino
A – WA	
KI – VI	
U – I	
LI – YA	
U – ZI	
I – ZI	

4 집에 있는 물건 중 수업시간에 배우지 않은 것 여섯 가지 써 보세요.

※ 한국어–스와힐리어 사전을 사용하세요.

문화 Mila na tamaduni

Track 12

Mila ya Afrika Mashariki

Jamii nyingi za Afrika mashariki zimeacha kufuata mila zao za zamani na kufuata mitindo ya nchi za magharibi. Kuna mila fulani ambazo ni ngumu kufuata kutokana na mabadiliko yanayotokea. Kwa mfano, katika jamii ya Wakisii (Kenya), mvulana alitakiwa kujengewa nyumba na wazazi wake baada ya kupashwa tohara. Hii ni kwa sababu baada ya kupashwa tohara, mvulana 'alivuka' kutoka utotoni hadi utu uzima. Siku hizi, bei ya nyumba na ardhi imepanda kwa hivyo ni vigumu kufuatilia mila hii.

동아프리카의 문화

대부분의 동아프리카 부족들은 옛날 문화를 버렸고 서양 국가들의 문화를 따라가고 있다. 최근에는 여러 사회적인 변화로 인해 옛날 문화를 지키는 것이 어려워졌다. 예를 들어, 케냐에 있는 'Kisii'라는 지역에선, 남자가 포경 수술한 다음 그 남자의 부모들이 남자에게 집을 지어 주었다. 포경수술을 받은 후엔 남자를 완전한 성인으로 인정하는 것이다. 하지만 요즘은 집 값과 땅 값이 올라서 부모들이 남자한테 집을 사 주는 것이 어렵게 되었다.

MEMO

Darasani

교실에서

다음 대화를 듣고 빈칸을 채워보세요. Track 13

Mwalimu	Hamjambo wanafunzi.
Wanafunzi	_____ mwalimu.
Mwalimu	Leo tuna mwanafunzi mpya. (Akimwelekeza Minsu) Jitambulishe.
Minsu	Hamjambo. Jina langu ni Minsuni na nimetoka Korea.
Mwalimu	Karibu katika darasa letu la Kiswahili.
Minsu	Asante.

≫ Saa ya mapumziko

Minsu	Niwie radhi, hiki ni kitabu chako?
Petero	La.
Minsu	Na _____ hii je?
Petero	Ni ya Jenifa. Umeona _____?
Minsu	Hapana. Lakini nimeona kifutio.
Petero	Sh! Mwalimu ameingia darasani.

≫ 대화 해석

선생님   안녕하세요. 학생 여러분.

학생들   선생님, 안녕하세요.

선생님   오늘 새로 온 학생이 있어요. (민수한테) 자기 소개 부탁합니다.

민수   안녕하세요. 제 이름은 민수이고 한국에서 왔어요.

선생님   우리 스와힐리 수업에 오신 것을 환영합니다.

민수   감사합니다.

≫ 쉬는 시간 때

민수   실례합니다만, 이 책은 당신 거예요?

베드로   아니오.

민수   이 연필은요?

베드로   제니퍼 거예요. 혹시 분필 봤어요?

민수   분필은 못 봤는데 지우개는 봤어요.

베드로   쉿! 선생님이 교실에 들어오세요.

Msamiati mpya 새 단어

mwanafunzi mpya	새 학생	chaki	분필
kitabu	책	ameingia	(그/그녀가) 방금 들어왔다
penseli	연필	jitambulishe	자기 소개를 해라
na	그리고	Umeona chaki?	(혹시) 분필을 봤어요?
kifutio	지우개	darasa la Kiswahili	스와힐리어 수업
~ingia	들어오다		

어휘 Msamiati

1 Vifaa vilivyo darasani 교실에 있는 물건들

kitabu 책

kalenda 캘린더

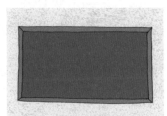

ubao 칠판

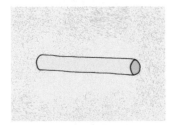

chaki 분필

penseli 연필

kalamu 볼펜

dawati 책상

picha 사진

saa 시계

아래는 선생님이 학생들한테 명령할 때 자주 쓰는 표현이다. 윗사람에게 부탁할 때는 앞에 꼭 'tafadhali'를 명령문 앞에 붙여야 한다.

Fafanua /eleza.	설명하세요.	**Funga kitabu.**	책을 덮으세요.
Jitambulishe.	자기 소개를 하세요.	**Nyamaza.**	조용히 하세요.
Simama.	일어나세요.	**Haraka.**	빨리 하세요.
Keti.	앉으세요.	**Polepole.**	천천히 하세요.
Fungua kitabu.	책을 펴세요.		

문법 및 표현 Sarufi na matumizi ya lugha

1 Darasani 교실에서 자주 사용하는 표현

교실에서 사용하는 예의 바른 표현은 2과에서 배운 표현과 똑같다. 그 예로 'niwie radhi', 'samahani', 'tafadhali' 등이 있다. 한국에서 다른 사람에게 부탁할 때(특히 그 사람이 윗사람이나 친하지 않은 사이일 때) '~아/어 주세요'라고 하듯이, 스와힐리어로 부탁을 할 때에도 'tafadhali'를 쓴다.

Tafadhali soma.	읽어 주세요.
Soma.	읽으세요.

학생이 화장실에 가려고 선생님의 허락을 구할 때 여러 가지 표현을 쓸 수 있다.

Mwalimu , naomba ruhusa ya kwenda msalani.
Mwalimu , naomba ruhusa ya kwenda kujisaidia.
선생님, 화장실에 가도 돼요?

'Ruhusa'의 뜻은' 허락'이다. 'Kwenda kujisaidia'는 '화장실에 가다'를 완곡히 이야기할 때 쓰는 표현으로, '볼일을 보다'란 표현과 비슷하다. 'Msalani'는 화장실을 뜻하는 'choo'의 완곡한 표현이다. 선생님은 윗사람이므로 허락을 구할 때 완곡어법을 쓰는 것이 올바르다.

2 Ngeli 명사 부류 (2)

❽ Ngeli ya 'U–U'

대부분 'U-U'부류 명사는 추상적인 명사다. 명사가 단수형일 때, 복수형일때도 'u'로 시작한다. 동사와 형용사도 변하지 않는다. 단수일 때, 복수형일 때도 'u'로 시작한다.

ujinga 멍청함	**uvivu** 게으름

$$1 + 1 = 3$$

Ujinga wako **u**mezidi.	너는 더 멍청해졌다.
Uvivu wako **u**mezidi.	너는 더 게을러졌다.

❾ Ngeli ya 'I–I'

대부분 'I–I' 명사는 불가산 명사다. 이 부류의 명사들은 형태가 다양하다. 명사의 단수형, 복수형 모두 동사가 ' i '로 시작한다.

sukari 놀기/연주하기	**mvua** 비	**chai** 차

Mvua inanyesha. 비가 내리고 있어요.

❿ Ngeli ya 'YA–YA'

'YA–YA' 부류 명사도 불가산 명사이다. 대부분 이 부류의 명사들은 'm'로 시작한다. 단수형과 복수형의 형태는 동일하다. 동사는 'ya'로 시작한다.

maji 물	**mafuta** 기름	**maziwa** 우유

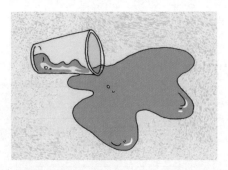

Maji yamemwagika. 물을 (방금) 쏟았다.
Maziwa yamemwagika. 우유을 (방금) 쏟았다.

⓫ Ngeli ya 'KU-KU'

'KU-KU' 부류의 명사는 'nomino-kitenzi'(동명사)라는 명사다. 이 명사는 문장에서 어떻게 쓰이느냐에 따라서 명사 또는 동사의 역할을 할 수 있다는 특징을 가지고 있다.

> **kucheza** 놀기/연주하기 **kusoma** 책을 공부하기 **kuimba** 노래를 부르기

Kucheza kwake kunafurahisha.   * 그의 연주하는 것이 재미있다. (그의 연주가 재미있다.)

Kuimba kwake kunafurahisha.   * 그의 부르는 것이 재미있다. (그의 노래가 재미있다.)

연습 Mazoezi

1 아래의 대화를 읽어 보세요.

대화 1

A : Hamjambo wanafunzi?   학생들 안녕하세요?
B : Hatujambo.   안녕하세요.
A : Jina langu ni Chege.   제 이름은 체게입니다.
    Mimi ni mwalimu wa hesabu.   저는 수학 선생이에요.
B : Karibu mwalimu.   선생님 환영합니다.

대화 2

A : Amina , habari ya asubuhi?   아미나, 좋은 아침이야.
B : Njema Hamisi.   좋은 아침 하미시.
A : Umekiona kitabu changu?   혹시 내 책을 봤어?
B : La sijakiona. Mwulize Juma.   아니, 못 봤어. 주마한테 물어 봐.
A : Juma , umekiona kitabu changu?   주마, 혹시 내 책을 봤어?
C : Naam. Kipo juu ya dawati.   응. 책상 위에 있어.

대화 3

A : Ufutio ule ni wa nani?   저 지우개 누구 거예요?
B : Ni wa Petero.   베드로 거예요.
A : Na ile chaki je?   분필은요?
B : Ni yangu.   내 거예요.

대화 4

A : Keti na ufungue kitabu cha Kiswahili.   앉아서 스와힐리어 책을 펴세요.
B : Ukurasa mgani?   몇 쪽이에요?
A : Ukurasa wa tano.   5쪽이에요.

대화 5

A : Soma kitabu polepole.   책을 천천히 읽으세요.
B : Ninasoma polepole!   천천히 읽고 있어요!
A : Una pupa sana.   당신 마음이 아주 급해요.

대화 6

A : Mwalimu, naomba ruhusa ya kwenda msalani.   선생님, 화장실에 가도 돼요?
B : Ndio. Enda lakini urudi haraka.   네. 하지만 빨리 갔다 와요.

2 본문을 다시 듣고 다음 질문에 답하세요. 🙂 Track 13

❶ Jina la mwanafunzi mpya ni?

_____

❷ Kitabu alicho nacho Minsu ni cha Petero?

_____

3 아래의 명사들을 맞는 'ngeli'에 정리해 보세요.

> **보기**
>
> | | | | |
> |---|---|---|---|
> | kuimba | maziwa | mafuta | kusoma |
> | unga | miwani | uerevu | ujinga |

Ngeli	Nomino
U – U	
I – I	
YA – YA	
KU – KU	

4 빈칸을 채우세요.

Mvua _____

_____ imemwagika.

_____ kwingi kunachosha

_____ umepikwa.

5 아래 대화에 있는 빈칸을 채우세요.

대화 1

A : Karibu katika _____ la Kiswahili.

B : _____. Jina _____ _____ Musa.

A : Umetoka wapi?

B : _____ Ujerumani.

대화 2

A : Maji _____memwagika.

B : Chota mengine.

A : Sina wakati.

B : Uvivu wako _____mezidi.

Track 15

Masomo

Je kuna mfumo upi wa masomo katika nchi ya Korea? Nchi za Afrika Mashariki zina mifumo tofauti ya masomo. Katika nchi ya Kenya, mfumo huo unaitwa '8-4-4'. Wanafunzi husoma miaka minane katika shule ya msingi, miaka minne katika shule ya upili na miaka minne katika chuo kikuu. Katika nchi ya Tanzania, wanafunzi husoma miaka saba katika shule ya msingi. Baada ya kumaliza masomo katika shule ya upili, wao husoma miaka miwili katika chuo cha upili cha juu 'Advanced level' na miaka mitatu katika chuo kikuu. Katika nchi ya Uganda, mfumo wa Masomo ni kama ule wa Tanzania : una shule ya upili na shule ya upili ya juu.

교육

한국에는 어떤 교육 제도가 있는가? 동아프리카에는 다양한 교육 제도가 있다. 케냐의 교육 제도는 '8–4–4'라고 불린다. 학생들이 8년 동안 초등학교에 다니고, 고등학교를 4년 그리고 대학교를 4년 동안 다닌다. 한편 탄자니아에서는 학생들이 7년 동안 초등학교에 다닌다. 고등학교 4년을 마친 후, 고급 학교 'Advanced Level'에서 2년 동안 공부하고 대학교를 3년 동안 다닌다. 우간다의 교육 제도는 탄자니아의 교육 제도와 동일하다.

MEMO

Benki liko wapi?

은행이 어디에 있어요?

다음 대화를 듣고 빈칸을 채워보세요.

Hamisi   Unauonaje _____ wa Nairobi?

Minsu   Ni mzuri sana.

Benki la kubadilisha _____ liko wapi?

Hamisi   Lipo kando ya gorofa ya KICC.

Minsu   Duka la _____ je?

Hamisi   Lipo nyuma ya benki.

Minsu   Ninataka kubadilisha dola.

Hamisi   Basi twende pamoja.

≫ 대화 해석

하미시   나이로비는 어때요?

민수   아주 좋아요.

         그런데 환전 은행이 어디에 있어요?

하미시   KICC 타워 옆에 있어요.

민수   신발 가게는요?

하미시   은행 뒤에 있어요.

민수   제가 가지고 있는 달러를 환전하려고 해요.

하미시   그럼 같이 갑시다.

Msamiati mpya 새단어

Mji wa Nairobi	나이로비 (도시)	~uliza	묻다
~zuri	좋은	~badili	바꾸다
mzuri sana	아주 좋은	kubadilisha dola	달러를 환전하다
gorofa	탑 /높은 건물	~taka	원하다
kando ya	옆	basi	그럼
duka la viatu	신발 가게	Twende pamoja.	같이 가자.
nyuma ya	뒤	benki la kubadilisha fedha	환전 (가능한) 은행

어휘 Msamiati

1 Mahali 장소

benki 은행

shule 학교

soko 시장

kioski 가게

kituo cha mabasi 정류장

mto 강

msikiti 이슬람 사원

hospitali 병원

supamaketi 슈퍼마켓

2 Dira 나침반의 방향

① kaskazini	북
② magharibi	서
③ mashariki	동
④ kusini	남

문법 및 표현 Sarufi na matumizi ya lugha

1 'ni'로 장소를 나타내는 법

접미사 'ni'는 방향이나 도착점을 가리키는 한국어 조사 '~에' 또는 동작이나 상태가 향해지는 장소를 가리키는 조사 '에서'와 비슷하다.

shule + ni ⟶ shuleni 학교에/학교에서

duka + ni ⟶ dukani 가게에/가게에서

A : Mtoto alienda wapi? 아이가 어디에 갔어요?

B : Alienda shuleni. 학교에 갔어요.

A : Mwanafunzi yuko wapi? 학생이 어디에 있어요?

B : Yuko sokoni. 시장에 있어요.

2 Ngeli 명사 부류 (3)

이번에 우리가 장소를 가리키는 명사 부류(ngeli ya mahali)에 대해서 알아보겠다.

⑫ Ngeli ya 'PA/PO'

알려져 있거나 정해진 자리를 나타내는 명사는 다음과 같다.

hapa	hapo	pale
여기	거기	저기

Hapa ni pazuri. 여기는 좋다.

⑬ Ngeli ya 'KU/KO'

다음은 정확하지 않거나 정해지지 않는 장소를 나타내는 명사들이다.

huku	huko	kule
여기	거기	저기

Huku ni kuzuri. 여기는 좋다. (정확하지 않은 장소/자리)

⑭ Ngeli ya 'MU/MO'

장소의 내부 또는 안 쪽을 보여 주는 명사들의 부류이다.

humu	humo	mle
여기	거기	저기

Humu ni mzuri.　　　이 안이 좋다. (장소 내부)

3　Kuuliza mahali 장소에 대해 묻기

'어디에 있어요?'라고 물을 때, 'wapi?'란 의문사를 쓰고 'ngeli'에 따라 동사가 다르게 활용된다. 그리고 장소가 정해진 장소인지, 아닌지에 따라 질문도 다르게 한다.

Mtoto yuko wapi?　　　아이가 어디에 있어요?

Benki liko wapi?　　　은행이 어디에 있어요?

부류	접사 (단수형)	예문
A–WA	yu	Mwanafunzi yuko wapi?
U-I	u	Mti uko wapi?
KI-VI	ki	Kikombe kiko wapi?
U-YA	u	Ugonjwa uko wapi?
I-ZI	i	Chupa iko wapi?
LI-YA	li	Jiwe liko wapi?
U-ZI	u	Ufunguo uko wapi?

장소를 나타내는 접미사(kiambishi cha mahali)는 세 개가 있다 : 'po', 'ko', 'mo'. 이는 'Ngeli ya mahali'에 쓰이는 'viambishi'다. '＊viambishi'와 'ngeli'는 큰 차이가 있다.

알다시피, 'Ngeli'는 단순한 명사의 부류이지만 앞에서 배우던 음절을 이루는 'ni'와 같은 'kiambishi'는 보통 단어에 붙으면 단어를 변형시키는 역할을 한다.

이 교재에선 'kiambishi' 대신에 '접미사'와 '접두사'를 쓴 경우가 많은데, 이것은 학생이 쉽게 이해하기 위해 일부러 그렇게 부르는 것이다. 실제로는 'kiambishi'는 단어 가운데에도 들어갈 수 있는 경우가 있기 때문에 정확히 '접미사' 또는 '접두사'라고 볼 수가 없다.

＊ viambishi는 kiambishi의 복수형이다.

장소를 나타내는 접미사	뜻	예문
po	(상대방이 알고 있는 특정한 장소) ~에 있다.	**Kitabu kipo juu ya dawati.**
ko	(특정하지 않은 장소) ~에 있다.	**Kitabu kiko shuleni.**
mo	(공간적으로 ~의 내부) ~의 안에 있다.	**Kitabu kimo dawatini.**

사람, 물건, 장소가 어디에 있는지 물을 때는 장소가 명확하지 않기 때문에 보통 'ko'를 사용한다.

Mtoto yuko wapi? 아이는 어디에 있어요? (장소가 명확하지 않음)

Mtoto yumo darasani? 아이는 교실 (안)에 있어요? (공간적으로 교실의 내부에 있음)

스와힐리어를 사용하는 사람들이 이 문법을 많이 헷갈려 한다. 'po', 'mo' 대신에 'ko'를 쓰는 사람이 많다. 뜻에 따라 적절히 구분해서 사용하자.

Mvulana yuko wapi? 남자가 어디에 있어요? (장소가 명확하지 않음)

Mvulana yuko darasani. 남자가 교실에 있어요. **X**

Mvulana yumo darasani. 남자가 교실에 있어요. **O**

남자가 공간적으로 교실 안에 있어서 'mo'를 쓰는 것이 바람직하다.

4) Vihusishi 전치사

Paka yupo chini ya meza.
고양이는 식탁 밑에 있다.

Paka yupo juu ya meza.
고양이는 식탁 위에 있다.

Paka yupo kando ya meza.
고양이는 식탁 옆에 있다.

Paka yupo nyuma ya meza.
고양이는 식탁 뒤에 있다.

Paka yupo mbele ya meza.
고양이는 식탁 앞에 있다.

Benki lipo karibu na duka.
은행은 가게 근처에 있다.

Benki liko mbali na duka.
은행은 가게에서 멀다.

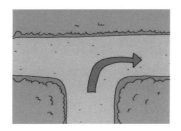

Kulia 오른쪽

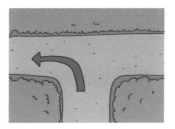

Kushoto 왼쪽

Maziwa yamo ndani ya glasi.
우유는 컵 안에 있다.

Baraka amesimama katikati ya Waridi na Leila.
바라카는 와리디와 레일라 사이에 있다.

방향을 사용하여 위치를 표현하는 방법도 있다. 나라의 위치를 설명할 때, 국가 명칭을 사용해서 위치를 설명할 수 있다. 가령, '케냐가 탄자니아 옆에 있다.'라는 표현보다는 '케냐가 탄자니아 북쪽에 있다.'라고 말하면 보다 명확하게 위치를 표현할 수 있다.

A : Umetoka wapi?   어디에서 왔어요?

B : Nimetoka Korea.   한국에서 왔어요.

A : Korea Kusini ama Korea Kaskazini?   남한 아니면 북한?

B : Nimetoka Korea Kusini.   남한에서 왔어요.

A : Korea Kusini iko wapi?   한국이 어디에 있어요?

B : Iko magharibi mwa Japani.   일본 서쪽에 있어요.

연습 Mazoezi

1 아래의 대화를 읽어 보세요.

대화 1

A : Mwalimu yuko wapi?   선생님이 어디에 있어요?
B : Mwalimu yumo ofisini.   사무실에 있어요.
A : Anafanya nini?   거기에서 뭐하고 있어요.
B : Anapumzika ofisini.   사무실에서 쉬고 있어요.

대화 2

A : Samahani , nimepotea njia.   실례합니다만, 길을 잃어버렸어요.
    Wewe ni mkaazi wa hapa?   혹시 여기 살아요?
B : Ndio.   네.
A : Unajua njia ya kwenda mjini?   도시로 가는 길을 알아요?
B : Njia ya kwenda mjini ndio hii.   도시로 가는 길은 이 길이에요.
A : Asante.   감사합니다.

대화 3

A : Niwie radi , duka la maziwa liko wapi? 실례합니다. 우유 가게가 어디에 있어요?
B : Duka la maziwa lipo kando ya benki.   우유 가게는 은행 옆에 있어요.
A : Na benki liko wapi?   은행이 어디에 있어요?
B : Benki liko katikati ya mji.   은행은 도시 가운데에 있어요.
A : Asante.   감사합니다.

대화 4

A : Petero yuko wapi?   베드로가 어디에 있어요?
B : Amesimama katikati ya Leila na Waridi. 레일라하고 와리디 사이에 서 있어요.
A : Na Juma je?   주마요?
B : Juma ameketi nyuma ya Waridi.   주마는 와리디 뒤에 앉아 있어요.

2 본문을 다시 듣고 다음 질문에 답하세요.   🎧 Track 16

❶ Benki la kubadilisha fedha liko wapi?

_____

❷ Minsu na Hamisi wanaenda wapi?

_____

3 아래 대화에 있는 빈칸을 채우세요.

대화 1

A : Kikombe _____ wapi?

B : Kikombe _____ juu ya meza.

대화 2

A : Mpishi _____ wapi?

B : Mpishi _____ jikoni.

대화 3

A : Mwalimu _____ wapi?

B : Mwalimu _____ darasani.

대화 4

A : Maziwa _____ wapi?

B : Maziwa _____ ndani ya pakiti.

4 사진 밑에 있는 빈칸을 채우세요.

Kisu kiko wapi?

_____

_____

_____

_____

_____

_____

Minsu yuko wapi?

_____

_____

_____

_____

_____

_____

5 질문을 답하세요.

Kenya iko wapi? (Tumia 'kaskazini', 'kusini', 'mashariki', 'magharibi')

Tanzania je?

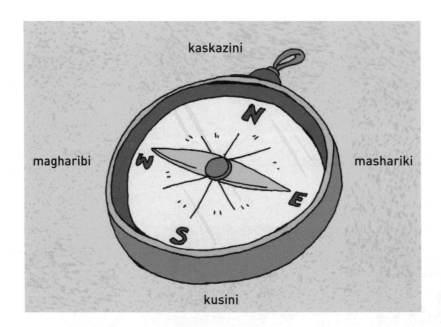

~~~~~~

~~~~~~

~~~~~~

~~~~~~

~~~~~~

~~~~~~

6 '나의 동네'라는 주제로 짧은 글을 써 보세요.

Kijiji changu 나의 동네

Karibu katika kijiji changu.

Kijiji changu kinaitwa Msoma.

Kiko mbali na mji wa Arusha.

Katika kijiji changu kuna benki, posta, shule na mkahawa.

Nyumba yangu ipo kando ya posta.

Mji Mikuu

Mji mkuu wa Tanzania unaitwa Dar es Saalam, sivyo? La! Mji mkuu wa Tanzania unaitwa 'Dodoma'. Hata hivyo, Dar es Salaam ndio mji mkubwa zaidi nchini Tanzania. 'Dar es Salaam' ni jina ambalo limetoka kwa Kiarabia na linamaanisha 'nyumba ya amani'. Mji wa Dar es Salaam uko karibu na pwani na ni maarufu kwa watalii. Mji mkuu wa Kenya unaitwa 'Nairobi'. Jina 'Nairobi' limetokana na Kimaasai na linamaanisha 'penye maji baridi'. Baadi ya magorofa yaliyo maarufu katika mji wa Nairobi ni 'K.I.C.C ' na 'Times Tower'. Mji wa Nairobi ni makaazi ya ofisi mbali mbali za kimataifa. Mji wa Nairobi pia una hifadhi ya wanyama. Mji mkuu wa Uganda unaitwa 'Kampala'. Jina hili limetokana na waingereza waliopata hifadhi ya wanyama hapo iliyokuwa na Swara wengi (impala).

수도

탄자니아의 수도를 '다르에스살람'이라고 알고 있는가? 아니다! 탄자니아의 수도는 '도도마'이다. '다르에스살람'은 수도는 아니지만 탄자니아에서 가장 큰 도시이다. '다르에스살람'은 아랍어에서 나온 단어인데, 뜻은 '평화의 집'이다. '다르에스살람'은 해안 쪽에 위치하고 있고, 관광객들이 많이 방문하는 도시이다. 케냐의 수도는 '나이로비'로, '나이로비'라는 단어는 마사이족의 언어에서 나왔으며 뜻은 '찬물이 있는 곳'이다. 나이로비의 유명한 건물로는 'K.I.C.C'와 'Times Tower'가 있다. 많은 국제 기업의 본부 또한 나이로비에 있다.

Mjini

도시에서

다음 대화를 듣고 빈칸을 채워보세요.

 Track 19

Minsu	Mji wa Nairobi ni mkubwa sana.

Minsu   Mji wa Nairobi ni mkubwa sana.

Hamisi   Ndio. Lakini mji wa Seoul ni mkubwa _____ mji wa Nairobi.

Minsu   Ninataka kwenda Mombasa.

≫ Wanapatana na Amina.

Hamisi   Amina! Habari yako?

Amina   Njema.

Hamisi   Huyu ni rafiki yangu. Anaitwa Minsu.

Minsu   Nimefurahi kukujua.

≫ 대화 해석

민수   나이로비는 아주 크네요.

하미시   네, 하지만 서울이 나이로비보다 더 넓어요.

민수   뭄바사에 가 보고 싶어요.

≫ 아미나를 만난다.

하미시   아미나, 잘 지내?

아미나   잘 지내고 있어.

하미시   이 쪽은 내 친구야. 민수라고 해.

민수   만나서 반가워요.

Msamiati mpya 새 단어

 Track 20

~kubwa	큰	~rembo	예쁜
kuliko	…보다 (더)	sauti	목소리
raha	즐거움	sauti ndogo	작은 목소리

어휘 Msamiati

1 Vivumishi 형용사

~refu	높은	~fupi	낮은
~dogo	작은	~kubwa	큰
~zuri	좋은	~baya	나쁜
~erevu	똑똑한	~jinga	바보인
~embamba	날씬한/좁은	~nene	뚱뚱한
safi	깨끗한	~chafu	더러운
rahisi	싼/저렴한	ghali	비싼
hodari	익숙한		
~eusi	검은		
~rembo	예쁜		

2 Vitenzi 동사

~cheza	놀다	~enda	가다
~soma	읽다 / 공부하다	~tembea	걷다
~imba	노래하다	~funza	가르치다
~endesha	운전하다	~lima	파다
~la(kula)	먹다		

3 Rangi 색

	~eupe	하얀색		buluu	파란색
	~eusi	검정색		manjano	노란
	~ekundu	빨간색		kijivu	회색
	kijani	짙은 초록색		zambarau	보라색

문법 및 표현 Sarufi na matumizi ya lugha

1 Kulinganisha 비교 표현

물건이나 사람을 비교할 때 'kuliko'란 말을 쓴다. 한국어에 '~보다 더'와 같은 의미를 가진 표현이다.

> Mji wa Nairobi ni mkubwa kuliko mji wa Mombasa. 나이로비는 몸바사보다 넓어요.
>
> Hamisi ni mrefu kuliko Minsu. 하미시는 민수보다 키가 커요.

2 Hisia 느낌을 말할 때

몸이나 감각으로 느끼는 것에 대해 표현할 때 'ninahisi'를 쓴다. 'ninahisi'는 '지금 ~을 느끼고 있다'는 뜻을 한다.

> Ninahisi kiu 목마르다
>
> Ninahisi njaa 배고프다.

많은 사람들이 'ninahisi' 대신에 'ninaskia'라는 표현을 사용하지만 'ninahisi'는 문법적으로 맞다.

> Ninahisi uchovu 피곤하다. O
>
> Ninaskia uchovu 피곤하다. X

3 Nomino na kivumishi 명사와 형용사

명사의 부류, 즉 'ngeli'에 따라 형용사에 붙이는 'kiambishi'가 달라진다. 다음은 형용사 '~refu'의 예이다.

> Mtoto mrefu 키가 큰 아이
>
> Kiti kirefu 높은 의자
>
> Mti mrefu 높은 나무

명사 부류에 따른 'kiambishi'는 다음 표에서 확인할 수 있다.

부류	접사 (단수형)		예문	
A – WA	m	+ 자음	mwanafunzi mrefu	키가 큰 학생
	mw	+ 모음	mwanafunzi mwerevu	똑똑한 학생
U – I	m	+ 자음	mkahawa mrefu	높은 커피 나무
	mw	+ 모음	mkahawa mwepesi	가벼운 커피 나무
KI – VI	ki	+ 자음	kiatu kikubwa	큰 신발
	ch	+ 모음	kiatu cheusi	검은 신발
U – YA	m		ugonjwa mbaya	심한 질병
I – ZI	n	+ 자음	chupa nzuri	좋은 별
	ny	+ 모음	chupa nyeusi	검은 병
LI – YA	(다양하다)		jiwe kubwa 큰 돌 jiwe leusi 검은 돌	jiwe nzuri 좋은 돌 jiwe lepesi 가벼운 돌
U – ZI	m	+ 자음	uso mzuri	예쁜 얼굴
	mw	+ 모음	ufunguo mweusi	검은 열쇠

형용사의 원형이 모음 'e'로 시작하면 다른 형태의 'kiambishi'가 나타난다. 또한 'safi', 'ghali', 'hodari' 와 같은 몇 개의 형용사는 변하지는 않는다.

Kiatu ghali   비싼 신발

Nyumba safi   깨끗한 집

색깔도 형용사로 쓰일 땐 명사 부류 원형에 따라 알맞은 접두사를 붙여야 문장이 완성된다.

Mkorea mweupe   하얀 한국인

Kikombe chekundu   빨간 컵

앞에서 배운 형용사 목록에서 앞에 물결 '~' 기호가 없는 형용사들은 명사 부류에 따라 앞에 접두사 'kiambishi'를 붙이지 않는다. 이에 대해 10과에서 더 깊이 알아보자.

4 Nafsi 인칭 대명사 (2)

	1 인칭	2 인칭	3 인칭
단수형	mimi	wewe	yeye
복수형	sisi	nyinyi / ninyi	wao

인칭 대명사는 1과에서 배웠는데, 이번 인칭 대명사가 형용사와 한 문장에서 어떻게 연결을 시키는지에 대해서 알아볼 것이다.

다음 예문들과 같이 주어와 형용사 사이에 앞에서 배운 '이다', 즉 'ni' 동사를 붙이면 문장이 구성된다.

Mimi ni mrefu.
나는 키가 크다.

Wewe ni mrefu.
너는 키가 크다.

Yeye ni mrembo.
그녀는 예쁘다.

Sisi ni wafupi.
우리는 키가 작다.

Nyinyi ni wafupi.
너희는 키가 작다.

Wao ni wafupi.
그들은 키가 작다.

5 Uudaji wa vitenzi 동사 만드는 법

동사의 원형에 여러 가지 접사, 즉 'kiambishi'를 붙일 수 있다. 기본적으로는 인칭을 나타내는 접사와 시간을 나타내는 접사를 붙일 수 있다. 예를 들자면 '운전하다'는 뜻을 하는 '~endesha'를 보겠다.

ni + **na** + **endesha** → **ninaendesha**

1인칭 단수 대명사 현재시제 동사원형 나는 운전하고 있다.

인칭 대명사에 따른 동사 원형의 활용법을 다음 표에서 확인할 수 있다. 'na'는 현재 시제를 가리키는 'kiambishi'이다.

~cheza 놀다, 연주하다, (스포츠를) 하다		
인칭 대명사	접사	인칭대명사 + 접사 + 동사
mimi	ni	Mimi ninacheza.
sisi	tu	Sisi tunacheza.
wewe	u	Wewe unacheza.
ninyi / nyinyi	m	Nyinyi mnacheza.
yeye	a	Yeye anacheza.
wao	wa	Wao wanacheza.

~lima 파다, 경작하다, 갈다		
인칭 대명사	접사	인칭대명사 + 접사 + 동사
mimi	ni	Mimi ninalima.
sisi	tu	Sisi tunalima.
wewe	u	Wewe unalima.
ninyi / nyinyi	m	Nyinyi mnalima.
yeye	a	Yeye analima.
wao	wa	Wao wanalima.

6 Uundaji wa sentensi 문장 만들기

앞에서 배운 내용을 사용하며 스와힐리어로 문장을 많이 만들 수 있다.

주어(명사) + 형용사 + 동사

Mtoto mrefu anacheza.	키가 큰 아이가 놀고 있다.
Mwanafunzi mfupi anaimba.	키가 작은 학생이 노래하고 있다.
Kikombe kizuri kimeanguka.	좋은 컵이 떨어져 버렸다.

주어(명사) + 동사 + 장소

Mwalimu anafunza darasani.	선생님께서 교실에서 가르치고 계신다.
Baba analima shambani.	아버지께서는 농장에서 경작하신다.
Mwanafunzi anacheza uwanjani.	학생은 마당에서 놀고 있다.

주어(명사) + 형용사 + 목적어(명사)

Dereva mrefu anaendesha gari.	키가 큰 운전 기사가 차를 운전하고 있다.
Mwanamuziki mzuri anaimba wimbo.	그 좋은 가수는 노래를 부르고 있다.
Mwanafunzi hodari anacheza mpira.	숙련된 학생이 공놀이를 하고 있다.

연습 Mazoezi

1 아래의 대화를 읽어 보세요.

대화 1

A : Kati ya Juma na Amina,
　　 ni nani mrefu kuliko mwingine?　　　　주마하고 아미나 중에 누구 키가 더 커요?

B : Amina ni mrefu kuliko Juma.　　　　　아미나가 주마보다 키가 더 커요.

A : Kati ya kiatu na koti, ni gani ghali?　　신발하고 코트 중에 뭐가 비싸요?

B : Koti ni ghali kuliko kiatu.　　　　　　코트가 더 비싸요.

대화 2

A : Umetoka wapi?　　　　　　　　　　어디에서 왔어요?

B : Nimetoka shambani.　　　　　　　　농장에서 왔어요.

A : Ulikuwa unafanya nini shambani?　　거기에서 뭐하고 있었어요?

B : Nilikuwa ninalima.　　　　　　　　농사를 짓고 있었어요.

대화 3

A : Dereva anafanya nini?　　　　　　　운전사가 뭐하고 있어요?

B : Dereva anaendesha gari.　　　　　　운전하고 있어요.

A : Anaendesha gari wapi?　　　　　　어디에서 운전하고 있어요?

B : Anaendesha gari barabarani.　　　　길에서 운전하고 있어요.

A : Mpishi anafanya nini?　　　　　　요리사가 뭐하고 있어요?

B : Mpishi anapika chakula.　　　　　음식을 만들고 있어요.

A : Anapika chakula wapi?　　　　　　어디에서 음식을 만들어요?

B : Anapika chakula jikoni.　　　　　부엌에서 음식을 만들고 있어요.

2 본문을 다시 듣고 다음 질문에 답하세요.　　　　 Track 19

❶ Mji wa Nairobi ni mkubwa kuliko mji wa Seoul?

_____

❷ Minsu anataka kwenda mji mgani?

_____

3 사진 밑에 있는 빈칸을 채우세요.

Mwanafunzi ni mnene.

Msichana ni _____

Kiatu hiki ni _____

_____ ___ _____

Yuna ni _____

Penseli ni _____

4 알맞는 동사, 형용사의 형태를 참고하여 아래의 대화에서 빈칸을 채우세요.

A : Wewe _____ (~fanya) kazi gani?

B : Mimi ni mwanafunzi.

A : _____ (~soma) wapi?

B : _____ (~soma) katika Chuo Kikuu cha Nairobi.

A : Wewe ni _____ (~hodari) katika kazi gani?

B : Mimi ni hodari katika kazi ya ujenzi.

A : Karibu katika kampuni yetu.

B : Asante.

_____ _____   Hamisi _____ mpira.   Amina _____

6 올바른 순서로 문장을 만드세요.

❶ Mti, umekatwa, mwembamba.

_____

❷ Kiti, kimevunjika, kirefu.

_____

❸ Anasoma, msichana, kitabu, polepole.

_____

❹ Hodari, mwalimu, analima

_____

❺ Amina, wimbo, anaimba.

_____

Track 21

Bendera ya Kenya

Bendera ya Kenya ina rangi nne : kijani, nyeupe, nyekundi na nyeusi. Rangi hizi zina maana tofauti. Rangi nyeusi inaashiria wakenya walio wakaazi wa nchi ya Kenya. Rangi nyekundu inaashiria damu iliyomwagika wakati wakenya walipokuwa wakipigania uhuru kutoka kwa waingereza. Rangi nyeupe inaashiria amani ambayo imetanda katika nchi ya Kenya.

케냐의 국기

케냐의 국기에는 4개의 색깔이 있는데, 녹색, 흰색, 빨간색과 검정색이다. 각 색깔마다 중요한 의미를 담고 있다. 검정색은 케냐의 시민들을 상징한다. 빨간색은 영국에서 독립하기 위해 선조들이 흘린 피를 상징한다. 흰색은 평화를 상징하고, 녹색은 케냐의 자연을 상징한다.

Bendera ya Tanzania

Bendera ya Tanzania ina rangi zifuatazo : kijani, buluu, nyeusi na manjano. Rangi nyeusi inaashiria waananchi kama ilivyo kwa bendera ya Kenya. Vilevile, rangi ya kijani inaashiria misitu.Rangi ya manjano inaashiria maadini yaliyo kwa wingi Tanzania. Rangi ya buluu inaashiria visiwa na bahari.

탄자니아의 국기

탄자니아의 국기에는 녹색, 파란색, 검정색과 노란색이 있다. 검정색은 케냐 국기와 마찬가지로 나라의 시민들을 상징한다. 또, 녹색은 탄자니아의 자연을 상징한다. 노란색은 탄자니아의 풍부한 광물을, 파란색은 호수, 바다 등을 상징한다.

MEMO

Nambari ya simu

전화번호

다음 대화를 듣고 빈칸을 채워보세요.

Track 22

Minsu   Amina, je kuna wanafunzi wengi katika darasa lako?

Amina   Kuna wanafuzi _____ na _____ tu.

Minsu   Walimu ni wangapi?

Amina   Walimu wote wa Kifaransa ni _____.

Minsu   Katika darasa langu la Kiswahili, kuna walimu wawili tu.

Amina   Oh! Nisaidie na nambari yako ya simu.

Minsu   Nambari yangu ya simu ni sufuri saba mbili, tisa nane saba, tano

        nne tatu.

≫ 대화 해석

민수   아미나 씨, 혹시 아미나 씨 반에 학생들이 많아요?

아미나   학생은 열한 명 밖에 없어요.

민수   선생님은 몇 분 계세요?

아미나   프랑스어 선생님은 모두 다섯 분이에요.

민수   스와힐리어 수업은 선생님이 두 명 밖에 안 계세요.

아미나   참! 전화번호 좀 가르쳐 주세요.

민수   제 전화번호는 072-987-5430이에요.

Msamiati mpya 새 단어

wengi	많은	~ngapi	몇
darasa lako	너의 교실	nambari ya simu	전화번호
kumi na mmoja	열한 명		

어휘 Msamiati

1 Tarakimu 숫자

○	sufuri
	moja
	mbili
	tatu
	nne
	tano
	sita
	saba
	nane
	tisa
	kumi

1부터 9까지 알면 10부터 99까지 스와힐리어로 숫자를 쉽게 셀 수 있다.

11	kumi na moja	101	mia moja na moja
12	kumi na mbili	110	**mia moja na kumi**
13	kumi na tatu	111	mia moja kumi na moja
14	kumi na nne	120	mia moja na ishirini
15	kumi na tano	130	mia moja na thelathini
16	kumi na sita	132	mia moja thelathini na mbili
17	kumi na saba	165	mia moja sitini na tano
18	kumi na nane	199	mia moja tisini na tisa
19	kumi na tisa	200	mia mbili
20	ishirini	201	mia mbili na moja
21	ishirini na moja	202	mia mbili na mbili
22	ishirini na mbili	203	mia mbili na tatu
23	ishirini na tatu	210	**mia mbili na kumi**
24	ishirini na nne	220	mia mbili na ishirini
25	ishirini na tano	230	mia mbili na thelathini
30	thelathini	300	mia tatu
40	arobaini	400	mia nne
50	hamsini	500	mia tano
60	sitini	600	mia sita
70	sabiini	700	mia saba
80	themanini	800	mia nane
90	tisini	900	mia tisa
99	tisini na tisa.	1000	elfu moja
100	mia moja		

문법 및 표현 Sarufi na matumizi ya lugha

1 ▸ Kuomba nambari ya simu 전화번호 묻기

> A : Nisaidie na nambari yako ya simu.   당신 전화 번호를 알려 주세요.
>
> B : Nambari yangu ya simu ni ~.   제 전화 번호는 ～이에요.

2 ▸ Umoja na wingi 단수형와 복수형

스와힐리어의 복수형은 단수형과 마찬가지로 명사 부류에 따라 달라진다. 다음은 명사 부류에 따른 명사의 복수형 들이다.

❶ Ngeli ya 'A-WA'

mtoto → watoto	mwalimu → walimu
msichana → wasichana	mpishi → wapishi

Mtoto analia.
아이가 운다.
➡
Watoto wanalia.
아이들이 운다.

mwalimu mrefu
키가 큰 선생님
➡
walimu warefu
키가 큰 선생님들

❷ Ngeli ya 'U-I'

mti → miti	mkono → mikono

mti mrefu
높은 나무
➡
miti mirefu
높은 나무들

Mti mrefu umeanguka.
높은 나무가 떨어졌다.
➡
Miti mirefu imeanguka.
높은 나무들이 떨어졌다.

❸ Ngeli ya 'KI-VI'

kiatu → viatu　　　　kisu → visu

kiatu kizuri
좋은 신발
　○　
viatu vizuri
좋은 신발들

Kiatu kizuri kimepotea.
좋은 신발이 없어졌다.
　○　
Viatu vizuri vimepotea.
좋은 신발들이 없어졌다.

❹ Ngeli ya 'LI-YA'

jiwe → mawe　　jicho → macho　　jino → meno

jicho kubwa
큰 눈 (신체 부위)
　○　
macho makubwa
큰 눈들

Jicho kubwa linauma.
큰 눈이 아프다.
　○　
Macho makubwa yanauma.
큰 눈들이 아프다.

❺ Ngeli ya 'U-YA'

ugonjwa → magonjwa　　upishi → mapishi

ugonjwa mbaya.
나쁜 질병
　○　
magonjwa mabaya.
나쁜 질병들

Ugonjwa mbaya umeenea.
나쁜 질병이 퍼졌다.
　○　
Magonjwa mabaya yameenea.
나쁜 질병들이 퍼졌다.

❻ Ngeli ya 'I-ZI'

kamusi → kamuzi

kamusi nzuri
좋은 사전
　○　
kamuzi nzuri
좋은 사전들

Kamusi nzuri imepotea.
좋은 사전이 사라졌다.
　○　
Kamusi nzuri zimepotea.
좋은 사전들이 사라졌다.

❼ Ngeli ya 'U-ZI'

> ufunguo → funguo   ukuta → kuta   ufagio → fagio

ufunguo mwepesi
가벼운 열쇠

○

funguo nyepesi
가벼운 열쇠들

Ufunguo mwepesi umepotea.
가벼운 열쇠가 사라졌다.

○

Funguo nyepesi zimepotea.
가벼운 열쇠들이 사라졌다.

❽ Ngeli ya 'U-U'

> ujinga → ujinga   uvivu → uvivu

Ujinga umezidi.   더 멍청해졌다.

❾ Ngeli ya 'I-I'

> sukari – sukari   mvua – mvua

Mvua inanyesha.   비가 내리고 있다.

❿ Ngeli ya 'YA-YA'

> maji – maji   mafuta – mafuta.

Maji yamemwagika.   물을 방금 쏟았다.

⓫ Ngeli ya 'KU-KU'

> kuimba – kuimba   kutembea – kutembea

Kuimba kunafurahisha.   노래를 부르는 것은 재미있다.

Ngeli 'U-U', 'I-I', 'YA-YA', 'KU-KU' 는 주로 불가산 명사나 추상적인 명사들이기 때문에 셀 수 없음으로 복수형이 없다.

3 Kuhesabu 물건과 사람 세는 법

Ngeli	1	2	3	4	5	6	7	8	9	10
A – WA	mmoja	wawili	watatu	wanne	watano	sita	saba	nane	tisa	kumi
U – I	mmoja	miwili	mitatu	minne	mitano	sita	saba	nane	tisa	kumi
KI – VI	kimoja	viwili	vitatu	vinne	vitano	sita	saba	nane	tisa	kumi
LI – YA	moja	mawili	matatu	manne	matano	sita	saba	nane	tisa	kumi
U – YA	mmoja	mawili	matatu	manne	matano	sita	saba	nane	tisa	kumi
I – ZI	moja	mawili	matatu	manne	matano	sita	saba	nane	tisa	kumi
U – ZI	mmoja	mbili	tatu	nne	tano	sita	saba	nane	tisa	kumi

≫ 대화 1

A : Wanafunzi wangapi wanasoma?   몇 명의 학생이 공부하고 있나요?

B : Mwanafunzi mmoja tu anasoma.   학생 한 명만 공부하고 있어요.

A : Wengine wanafanya nini?   다른 학생들은 뭐 하고 있어요?

B : Wengine wanacheza tu.   다른 학생들은 놀고 있을 뿐이에요.

≫ 대화 2

A : Maria ana vitabu vingapi?   마리아가 책을 몇 권 가지고 있어요?

B : Maria ana vitabu viwili.   두 권 가지고 있어요.

A : Juma ana vitabu vingapi?   주마는 책을 몇 권을 가지고 있어요?

B : Juma ana vitabu sita.   여섯 권을 가지고 있어요.

≫ 대화 3

A : Mna viti vingapi darasani?   교실에 의자 몇 개가 있어요?

B : Mna viti tisa.   아홉 개가 있어요.

1	mwanafunzi wa kwanza	첫째 학생
2	mwanafunzi wa pili	둘째 학생
3	mwanafunzi wa tatu	셋째 학생
4	mwanafunzi wa nne	넷째 학생
5	mwanafunzi wa tano	다섯째 학생
6	mwanafunzi wa sita	여섯째 학생
7	mwanafunzi wa saba	일곱째 학생
8	mwanafunzi wa nane	여덟째 학생
9	mwanafunzi wa tisa	아홉째 학생
10	mwanafunzi wa kumi	열째 학생

'Mwanafunzi'는 'A-WA' 부류의 명사이기 때문에 명사와 숫자 사이에 'kiambishi' 'wa'를 붙여 말한다. 다른 부류의 명사인 경우 다음과 같은 'kiambishi'를 사용한다.

명사 부류	접사 (단수형)	예문
A – WA	wa	mtoto wa kwanza
U – I	wa	mkono wa kwanza
KI – VI	cha	kitabu cha kwanza
LI – YA	la	tunda la kwanza
U – YA	wa	ugonjwa wa kwanza
I – ZI	ya	dawa ya kwanza
U – ZI	wa	uso wa kwanza

Kitabu cha kwanza cha Kiswahili ni kigumu. 첫 번째 스와힐리어 책이 어렵다.

Tunda la kwanza ni tamu. 첫 번째 과일이 맛있다.

연습 Mazoezi

1 아래의 대화를 읽어 보세요.

> **대화 1**
>
> A : Unabeba vitabu vingapi?   책을 몇 권 가지고 있어요?
> B : Ninabeba vitabu viwili.   책을 두 권 가지고 있어요.
> A : Una kitabu cha Kiswahili?   혹시 스와힐리어 책이 있어요?
> B : Kitabu kipi?   무슨 책이요?
> A : Kitabu cha kwanza.   첫번째 책이요.
> B : La, nina kitabu cha pili.   아니요. 두번째 책이 있어요.

> **대화 2**
>
> A : Mwalimu wa Kiswahili analima.   스와힐리어 선생님이 농사를 짓고 있어요.
> B : Analima wapi?   선생님이 어디에서 농사를 짓고 있어요?
> A : Analima shambani.   농장에서 농사를 짓고 있어요.
> B : Wanafunzi wa Kiswahili je?   스와힐리어 학생은요?
> A : Wanafunzi wa Kiswahili wanacheza.   스와힐리어 학생은 놀고 있어요.

2 본문을 다시 듣고 다음 질문에 답하세요.   Track 22

❶ Kuna wanafuzi wengi katika darasa la Amina?

_____

❷ Walimu wote wa Kifaransa ni wangapi?

_____

3 숫자를 스와힐리어로 써 주세요.

246	_____
550	_____
620	_____

4 빈칸을 채우세요.

201	Mia mbili na moja
27	
104	
35	
113	
650	
999	
710	

5 아래의 문장의 복수형을 쓰세요.

1. Mtoto anacheza. _____

2. Kisu kizuri kimepotea. _____

3. Kikombe kimeanguka. _____

4. Sukari inamwagika. _____

5. Jicho linauma. _____

6. Maji yameisha. _____

6 사진 밑에 있는 빈칸을 채우세요.

Wanafunzi
wanaenda shuleni.

Lugha

Kuna zaidi ya lugha mia moja ishirini katika nchi ya Tanzania. Vilevile, kuna lugha zaidi ya sitini ambazo zinatumika katika nchi ya Kenya. Tofauti na Korea Kusini ambamo mna kabila moja tu, kuna makabila mbali mbali katika nchi za Afrika Mashariki. Makabila haya yanaweza kugawanywa katika makundi matatu kulingana na lugha wanazozitumia : kibantu, kisemiti na kihamiti. Makabila mengi ni ya lugha ya kibantu. Kiswahili pia kina maneno mengi yanayofanana na lugha zingine za kibantu. Kwa mfano, jina 'mtu' katika Kiswahili linatamkwa 'umundu', 'omonto', 'omuntu', 'modo' katika makabila mengine ya kibantu. Maneno haya yote yanakaribiana kimatamshi.

언어

탄자니아에는 백 개 이상의 언어가 있다. 그리고 케냐에서는 60개 이상의 언어가 쓰이고 있다. 한민족인 한국과 달리, 동아프리카 나라들에선 여러 부족들이 함께 살고 있다. 언어에 따라, 동아프리카 부족들을 크게 '반투', '셈', 그리고 '닐로트'라는 세 그룹으로 나눌 수 있다. 대부분의 부족들은 '반투'에 들어간다. 스와힐리어도 '반투'에 속한 한 부족이 쓰는 언어이고, '반투'에 속한 다른 부족의 언어와 비슷하다. 예를 들어, '사람'은 스와힐리어로 'mtu'인데, 다른 언어에선 'umundu', 'omonto', 'modo', 등으로 비슷하게 발음한다.

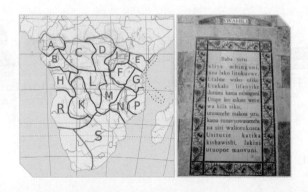

Ni saa ngapi?

몇 시예요?

다음 대화를 듣고 빈칸을 채워보세요.

Minsu	Kesho jioni una mpango gani?
Amina	Sina mpango wowote.
Minsu	Twende tukatazame sinema.
Amina	Sinema _____ saa ngapi?
Minsu	Sinema itaanza saa kumi na mbili jioni na kuisha saa mbili usiku.
Amina	Sawa. _____ wapi?
Minsu	Mbele ya kituo cha mabasi.

≫ 대화 해석

민수   내일 오후에 계획 있어요?

아미나   아무 계획 없어요.

민수   영화를 보러 갈까요?

아미나   영화가 몇 시에 시작해요?

민수   오후 여섯 시에 시작하고 밤 여덟 시에 끝나요.

아미나   그래요. 어디서 만날까요?

민수   버스 정류장 앞에서 만나요.

Msamiati mpya 새단어

umeshindaje	어떻게 지냈어요?	mpango	계획
nimeshinda vyema	잘 지냈어요	~tazama	보다
kesho	내일	sinema	영화
jioni	오후에	~chelewa	늦다

어휘 Msamiati

1 Mgawanyo wa siku 하루의 분할

alfajiri	새벽	alasiri	오후 2시 – 5시
asubuhi	아침	jioni	저녁 5시 – 7시
mchana	점심 오후 12시 – 2시	usiku	밤

2 Siku za wiki 요일들

jumatatu	월요일	ijumaa	금요일
jumanne	화요일	jumamosi	토요일
jumatano	수요일	jumapili	일요일
alhamisi	목요일		

jana	leo	kesho
어제	오늘	내일

A : Leo ni siku gani?   오늘은 무슨 요일이에요?

B : Leo ni alhamisi.   오늘은 목요일이에요.

A : Kesho ni siku gani?   내일은 무슨 요일이에요?

B : Kesho ni ijumaa na jana ilikuwa jumatano.   내일은 금요일이고 어제는 수요일이었어요.

3 Miezi 월

Januari	mwezi wa kwanza	1월
Februari	mwezi wa pili	2월
Machi	mwezi wa tatu	3월
Aprili	mwezi wa nne	4월
Mei	mwezi wa tano	5월
Juni	mwezi wa sita	6월
Julai	mwezi wa saba	7월
Agosti	mwezi wa nane	8월
Septemba	mwezi wa tisa	9월
Octoba	mwezi wa kumi	10월
Novemba	mwezi wa kumi na moja	11월
Disemba	mwezi wa kumi na mbili	12월

4 Tarehe 날짜

tarehe moja	1일	tarehe kumi na moja	11일
tarehe mbili	2일	tarehe kumi na mbili	12일
tarehe tatu	3일	tarehe kumi na tatu	13일
tarehe nne	4일	tarehe ishirini	20일
tarehe tano	5일	tarehe ishirini na mbili	22일
tarehe kumi	10일		

문법 및 표현 Sarufi na matumizi ya lugha

1 Kuuliza saa 시간 묻기

시간을 물을 때 아래의 표현을 쓴다.

Ni saa ngapi?	몇 시예요?
Saa hizi ni saa ngapi?	지금은 몇 시예요?

'Saa'는 시간을 의미하며, 'saa ngapi?'는 '몇시?'라는 뜻이다. 시간을 말할 때 '시간 + 분 + 시간표현'을 함께 쓴다. 예를 들어 오후 8시 10분은 'Saa mbili na dakika kumi usiku'라고 말한다.

(ni) saa + 시간	na dakika + 분	시간 표현

Saa mbili na dakika kumi asubuhi.   아침 8시 10분이에요.

Minsu :	Saa hizi ni saa ngapi?	지금 몇 시예요?
Amina :	Saa tisa alasiri.	오후 세 시예요.

2 Kusoma saa kwa Kiswahili 스와힐리어로 시간을 읽는 법

영어로 시간을 말할 때는 기준이 밤 12시(00:00)이지만 시간을 세는 기준은 아침 6시와 저녁 6시이다. 그러므로, 아래 보기의 오전 8시 30분은 스와힐리어로 2시 30분 (오전)이 된다.

$$8{:}30 \text{ am}$$

영어	한국어	스와힐리어
Eight thirty in the morning.	아침 여덟 시 반	Saa mbili unusu asubuhi.

7:20	아침	Saa moja na dakika ishirini (asubuhi)	
11:30	아침	Saa tano unusu (asubuhi)	
12:00	점심	Saa sita kamili (mchana)	
2:15	오후	Saa nane na robo (alasiri)	
4:20	오후	Saa kumi na dakika ishirini (alasiri)	
6:45	오후	Saa kumi na mbili na dakika arobaini na tano (jioni)
		Saa moja kasorobo (jioni)
7:30	밤	Saa moja unusu (jioni)	
9:00	밤	Saa tatu kamili (usiku)	
1:40	새벽	Saa nane kasoro dakika ishirini (alfajiri)
		Saa saba na dakika arobaini (alfajiri)

* 좀더 알아보기 : 스와힐리어를 쓰는 대부분의 사람들은 적도 지역에 거주하며 지역 특성상 매일 동일한 시간에 해가 뜨고 지기 때문에 이를 기준으로 시간이 정해졌다.

3 Msamiati unaotumika ukisoma saa 시간 관련 어휘

Dakika 분	Sekunde 초	Kamili 정각

8:00   Saa mbili kamili

5:00   Saa kumi na moja kamili

Unusu 반

9:30   Saa tatu unusu

4:30   Saa kumi unusu

Robo 15분

3:15	Saa tisa na robo
10:15	Saa nne na robo

Kasoro 전

9:55	Saa nne kasoro dakika tano.
4:47	Saa kumi na moja kasoro dakika kumi na tatu

Kasorobo (Kasoro + robo) 15분 전

10:45	Saa tano kasorobo
7:45	Saa mbili kasorobo

4 Kusoma Tarehe 날짜 읽기

스와힐리어로 날짜를 읽을 때 한국어와 정반대로 읽어야 한다. 한국어는 년–월–일 순서로 읽지만, 스와힐리어는 일–월–년 순서대로 읽는다.

tarehe sita	mwezi wa saba / julai	mwaka wa 2014
6일	7월	2014년

Ulizaliwa lini?   언제 태어났어요?

Nilizaliwa tarehe sita mwezi wa Julai.   7월 6일에 태어났어요.

5 Nyakati 시제

앞에서 현재 시제의 'kiambishi(접사)'로 동사 원형 앞에 'na'를 붙인다고 배웠다. 이번에는 다른 시제의 'kiambishi'를 알아보겠다.

시제	과거	근접과거(조금 전에)	현재	미래
접사	**li**	**me**	**na**	**ta**

다음은 위의 시제 접사를 인칭 대명사 접사와 동사와 결합하여 정리한 표이다.

		과거	근접과거	현재	미래
~cheza	mimi	nilicheza	nimecheza	ninacheza	nitacheza
	sisi	tulicheza	tumecheza	tunacheza	tutacheza
	wewe	ulicheza	umecheza	unacheza	utacheza
	nyinyi	mlicheza	mmecheza	mnacheza	mtacheza
	yeye	alicheza	amecheza	anacheza	atacheza
	wao	walicheza	wamecheza	wanacheza	watacheza
~soma	mimi	nilisoma	nimesoma	ninasoma	nitasoma
	sisi	tulisoma	tumesoma	tunasoma	tutasoma
	wewe	ulisoma	umesoma	unasoma	utasoma
	nyinyi	mlisoma	mmesoma	mnasoma	mtasoma
	yeye	alisoma	amesoma	anasoma	atasoma
	wao	walisoma	wamesoma	wanasoma	watasoma
~potea	kisu	kilipotea	kimepotea	kinapotea	kitapotea
	visu	vilipotea	vimepotea	vinapotea	vitapotea
~anguka	mti	ulianguka	umeanguka	unaanguka	utaanguka
	miti	ilianguka	imeanguka	inaanguka	itaanguka

1 아래의 대화를 읽어 보세요.

대화 1

A : Ni saa ngapi? 몇 시예요?
B : Ni saa mbili asubuhi. 아침 여덟 시예요.
A : Ni tarehe ngapi? 몇일이에요?
B : Ni tarehe ishirini mwezi wa tatu. 삼월 이십일이에요.

대화 2

A : Darasa la Kiswahili litaanza saa ngapi? 스와힐리어 수업이 몇 시부터 시작해요?
B : Litaanza saa tatu asubuhi. 아침 아홉 시부터 시작해요.
A : Mpaka saa ngapi? 몇 시까지예요?
B : Mpaka saa sita mchana. 오후 12시까지예요.

대화 3

A : Jana ulifanya nini? 어제 뭐 했어요?
B : Jana nilicheza na rafiki. 어제 친구들이랑 놀았어요.
A : Mlicheza mchezo gani? 뭐 하고 놀았어요?
B : Tulicheza soka. 같이 축구를 했어요.

2 본문을 다시 듣고 다음 질문에 답하세요.   Track 25

❶ Sinema wanayopanga kutazama Minsu na Amina itaisha saa ngapi?

_____

❷ Minsu na Amina wameagana kukutana wapi?

_____

3 아래의 단어를 올바른 시제로 활용하여 빈칸을 채우세요.

> **보기**
>
> ~pika   ~cheza   ~imba   ~soma   ~valia   ~enda   ~lima

① Mama Amina _____ chakula kizuri. (과거)

② Mimi _____ wimbo na Juma _____ kitabu kwa bidii. (현재)

③ Maria _____ densi. (현재)

④ Minsu _____ Kenya. (과거)

⑤ Manukato _____ nguo nzuri. (조금 전에)

⑥ Yeye _____ shambani. (현재)

⑦ Wanafunzi _____ uwanjani. (현재)

4 아래의 시간을 스와힐리어로 쓰세요.

| 7 : 5 AM | 2 : 35 PM | 7 : 50 PM |

_____   _____   _____

| 4 : 28 PM | 8 : 25 AM | 2 : 43 AM |

_____   _____   _____

mchana

asubuhi

usiku

_____   _____   _____

5 아래 날짜를 스와힐리어로 써 보세요.

① 1991/02/25

Tarehe ishirini na tano, mwezi wa pili,mwaka wa elfu moja tisini na moja.

② 2014/03/05

_____

③ 2100/05/02

_____

6 나의 일기

┌─ 참고할 어휘 ─────────────────────────────────────┐
~cheza	~imba	~soma	~valia	~tembea	~funza
~kula	~kimbia	~enda	~ongea	darasani	shuleni
uwanjani	mkahawani	njiani	~fupi	~kubwa	~baya
~jenga	~zuri	~chafu	~safi		
└───┘

02/05/2014

Saa mbili asubuhi, niliamka na kuenda shuleni. Darasa la Kiswahili lilianza saa tatu asubuhi. Kama kawaida, sikuchelewa lakini Juma alichelewa. Juma alikuwa amevalia nguo safi sana. Baada ya kumaliza darasa la Kiswahili, nilikula chakula cha mchana pamoja na marafiki hadi saa nane alasiri. Baada ya kula chakula cha mchana, nilirudi nyumbani na kupumzika.

~~~~~~

~~~~~~

~~~~~~

~~~~~~

~~~~~~

Track 27

Siku ya Uhuru

Tarehe tisa desemba ya kila mwaka Watanzania huadhimisha siku Tanzania ilipopata uhuru mnapo mwaka 1961, ambapo ilikua ikitambulika kwa jina la Tanganyika kabla ya kuungana na Zanzibar mwaka 1964. Sikukuu hii, Watanzania wengi hukutana katika uwanja mkuu wa taifa Dar es Salaam ambapo husherehekea kwa ngoma za kitamaduni pamoja na kuonyesha maendeleo ya nchi toka ilipopata uhuru. Vilevile wananchi wa mikoani hujumuika pamoja na viongozi wao kwenye viwanja mbalimbali na kusherehekea kwa ngoma za kitamaduni.

독립 기념일

12월 9일에 탄자니아 시민들은 독립의 날을 기념한다. 탄자니아는 영국으로부터 1961년 때 독립했는데, 그 당시에 나라 이름은 '탕가니카'라고 불렸다. 1964년에 잔지바르와 통합되어 나라의 이름을 '탄자니아'로 바꾸었다. 독립기념일에는 시민들이 다르에스살람에 있는 대운동장에서 모여서 전통 음악으로 기념하고, 나라가 독립되었을 때부터 지금까지 발전한 것들을 자랑스러워한다. 다른 지역에 있는 시민들도 모여서 같이 전통 음악을 들으며 그날을 기념한다.

MEMO

Duka la nguo

옷 가게에서

다음 대화를 듣고 빈칸을 채워보세요. Track 28

Muuzaji	**Karibu ndani.**
Minsu	**Asante. Unauza _____?**
Muuzaji	**Ndio. Ninauza viatu tofauti tofauti.**
Minsu	**Vile pale ni pesa ngapi?**
Muuzaji	**Vile ni _____ _____ _____.**
Minsu	**Ni ghali!**
Muuzaji	**Hapana, si ghali. Hivi ni vya bei rahisi.**
Minsu	**Nipunguzie _____ tafadhali.**
Muuzaji	**Nitakupunguzia kwa shilingi mia mbili.**

≫ 대화 해석

판매자   어서 오세요.

민수   감사합니다. 신발을 파나요?

판매자   네, 다양한 종류를 팔아요.

민수   저기에 있는 신발은 얼마예요?

판매자   저 신발은 이 천 실링이에요.

민수   비싸요!

판매자   아닌데요. 별로 안 비싸요. 싼 신발이에요.

민수   깎아 주세요.

판매자   이 백 실링 깎아 드릴게요.

Msamiati mpya 새 단어

~uza	팔다	rahisi	저렴한
~ nunua	사다	~punguza	줄이다. (가격을) 깎다, 감소하다
tofauti tofauti	여러 가지		
pesa	돈	nipunguzie bei	깎아 주세요
pesa ngapi?	얼마예요?	shati	셔츠
bei	값	koti	코트
ghali	비싼	jozi la viatu	신발 한 켤레

1 Mavazi na urembo 패션/ 잡화

① shati	셔츠, 와이셔츠
② koti	코트, 잠바
③ suruali	바지
④ miwani	안경
⑤ tai	넥타이
⑥ mshipi	벨트, 허리띠

① blauzi	블라우스
② kisigino	구두, 하이힐
③ bangili	여자 팔찌
④ sketi	치마

bangili 여자 팔찌

mkufu 목걸이

pete 반지

문법 및 표현 Sarufi na matumizi ya lugha

1 Dukani 가게에서

옷 가게에서 가격을 물어볼 때, 아래의 간단한 두 문장을 사용해서 물어볼 수 있다.

Unauza + 물건 + kwa pesa ngapi*?

Unauza shati kwa pesa ngapi?　　　　　셔츠는 얼마에 판매하나요?

　＊ 가격을 물을 경우, 케냐에서는 'pesa ngapi'를, 탄자니아에서는 'bei gani'를 자주 쓴다.

물건 + 지시 형용사 + ni pesa ngapi?

Shati hili ni pesa ngapi?　　　　　　이 셔츠는 얼마에요?

두번째 문장을 통해 스와힐리어에서는 명사 뒤에 지시 형용사가 나온다는 사실을 알 수 있다. 지시 형용사에 대한 설명은 다음 과에서 자세하게 배우도록 하겠다.

판매자가 가격을 대답할 때 보통 아래의 문장을 자주 사용한다.

Ninauza + 물건 + kwa + 가격

Ninauza shati kwa shilingi mia mbili.　　셔츠는 이백 실링으로 팔아요.

물건 + 지시 형용사 ni + 가격

(Shati) hili ni shilingi mia mbili.　　　이 셔츠는 이백 실링이에요.

가격을 깎아 달라고 할 때 아래의 표현을 쓴다. 동사 '~punguza'는 '줄이다'는 뜻이고, 'bei'는 '가격'을 뜻한다. 또한 부탁을 하기 때문에 '제발' 또는 '미안하지만'이란 뜻을 하는 'tafadhali'도 함께 쓴다.

Nipunguzie bei tafadhali.　　　　　　가격을 깎아 주세요.

옷의 사이즈가 안 맞는 경우 판매자에게 '사이즈가 안 맞다'는 아래의 표현을 사용하면 된다.

[물건] **+** [지시 형용사] **hainitoshi.**

Nguo hii hainitoshi.　　　　　　이 옷은 사이즈가 안 맞아요.

2　Vivumishi vionyeshi (umoja) 지시 형용사 (단수)

위에서 설명한 것처럼 스와힐리어에서 지시 형용사는 매우 중요한 역할을 한다. 지시 형용사를 사용함으로써 이야기의 대상을 잘 구분할 수 있다. 다른 낱말과 마찬가지로 스와힐리어의 지시 형용사는 'ngeli(명사)'에 따라 달라지고 앞에 오는 명사의 수에 따라 역시 달라진다. 먼저 한국어의 지시 형용사와 스와힐리어에서의 지시 형용사를 비교해 보자.

이 학생은 키가 크다.　　　**Huyu mwanafunzi ni mrefu.**

이 학생들은 키가 크다.　　**Hawa wanafunzi ni warefu.**

이 차가 좋다.　　　　　　**Hili gari ni nzuri.**

차와 학생은 다른 명사 부류에 속하기 때문에 사용되는 지시 형용사가 다르다. 하지만 다른 명사 부류인데도 지시 형용사가 똑같은 경우가 많다. 즉, 어떤 지시 형용사가 어떤 'ngeli'에 사용되는지 일반적으로 정확히 구별하는 방법은 없다.

지시 형용사와 지시 대명사는 혼동하기 쉽다. 쓰이는 단어가 비슷한데, 문장의 위치에 따라 문법적으로 의미와 역할이 다르다. 다음 두 문장을 보자.

Gari hili ni nzuri.　　이 차가 크다.

Hili ni nzuri.　　이것이 좋다.

두 번째 문장에서 'hili' 뒤에 명사가 나오지 않기 때문에 직관적으로 주어가 되는 대명사라는 것을 알 수 있다. 자세한 내용은 뒤에 더 자세히 나올 것이다.

아래는 명사 부류에 따른 단수형 지시형용사의 'viambishi(접사)'를 정리한 표이다.

명사 부류	가까운 거리	조금 떨어진 거리	많이 떨어진 거리
A–WA	huyu	huyo	yule
U–I	huu	huo	ule
KI–VI	hiki	hicho	kile
LI–YA	hili	hilo	lile
U–YA	huu	huo	ule
U–ZI	huu	huo	ule
I–ZI	hii	hiyo	ile
U–U	huu	huo	ule
I–I	hii	hiyo	ile
YA–YA	haya	hayo	yale
KU–KU	huku	huko	kule

한국어에서 '그것'이라고 말하는 경우 물건이 상대방 가까이에 있다. 그러나 스와힐리어의 경우 가까이 있어도 화자와 거리가 조금 있으면 'huyo', 'hicho'등을 쓴다.

Mwanafunzi huyu ni mrefu
이 학생은 키가 크다.

Gari hili ni ghali.
이 자동차가 비싸다.

Kiti hiki ni changu.
이 의자가 내 것이다.

위 예문에서 볼 수 있듯이, 명사 뒤에 나오는 지시사는 형용사 역할을 한다. 아래 두 문장을 보고 차이점을 파악해보자.

Mwanafunzi ni mrefu.
학생이 키가 크다.

Mwanafunzi huyu ni mrefu.
이 학생이 키가 크다.

첫 번째 문장에서 'Mwanafunzi'가 주어 역할을 한다. 두 번째 문장에서 Mwanafunzi 뒤에 huyu는 '이'를 뜻하는 지시사로 명사를 꾸미는 형용사 역할을 한다.

3 Viwakilishi viashiria 지시 대명사

위의 지시 형용사 표에 있는 'huyu', 'huyo', 'hicho' 등이 주어 자리에 나오면 대명사(viwakilishi viashiria)로 쓰인다.

Huyu ni mwanafunzi.　　　　이 사람은 학생이다.

Yule ni mwalimu.　　　　　저 사람은 선생님이다.

Hiki ni kizuri.　　　　　　이것은 좋다.

Huyu hi mwanafunzi.
이 사람은 학생이다.
Mwanafunzi huyu ni mrefu
이 학생이 키가 크다.

Hili ni gari.
이것은 차다.
Gari hili ni ghali.
이 자동차가 비싸다.

Hiki ni kiti.
이것은 의자다.
Kiti hiki ni changu.
이 의자가 나의 것이다.

1 아래의 대화를 읽어 보세요.

대화 1

A : Karibu ndani. Unatafuta nini?　어서 오세요. 무엇을 찾으시나요?
B : Ninatafuta viatu.　신발을 찾아요.
A : Tuna viatu vizuri.　우리는 좋은 신발을 가지고 있어요.
B : Viatu hivi ni pesa ngapi?　이 신발은 얼마예요?
A : Hivi ni shilingi elfu mbili tu.　이 신발은 이 천 실링이에요.
B : Elfu mbili! Ni ghali sana.　이 천 실링이요! 너무 비싸요.

대화 2

A : Hii ni nini kwa Kiswahili?　이거 스와힐리어로 뭐예요?
B : Hii ni 'pete'.　이것은 'pete'예요.
A : Na hii je?　이거는요?
B : Hiki ni 'kiti'.　이것은 'kiti'예요.

Tip 물건이 무슨 'Ngeli'에 있는지 모르면 'hiki'를 붙여 써도 된다.

2 본문을 다시 듣고 다음 질문에 답하세요.　 Track 28

❶ Viatu anavyotaka Minsu ni pesa ngapi?

_____

❷ Minsu alipunguziwa bei kwa shilingi ngapi?

_____

Hii ni picha.

Hii ni chupa.

Urembo

Ni msichana yupi anayetambulika kama mrembo katika nchi za Afrika mashariki? Kwa vile kuna makabila mbali mbali, maono juu ya urembo yanatofautiana. Katika nchi ya Korea, mshichana asiye mnene anachukuliwa kama mrembo. Hata baada ya nchi nyingi kuiga tamaduni za nchi za kigeni, bado kuna makabila mengi yanayochukulia mwanamke mnene kama mrembo. Ni muhimu kutambua kuwa urembo wa kweli sio mavazi ama mapambo, bali ni kitu kilicho ndani ya mtu na hujitokeza kupitia kwa tabia zake.

아름다움

동아프리카에선 어떤 여자가 예쁘다고 할 수 있을까? 동아프리카에는 많은 부족이 있기 때문에, 외모에 대한 의견과 기준이 모두 다르다. 한국에선 대체로 날씬한 여자를 예쁘다고 한다. 반면 동아프리카서는 많은 부족들이 서양 문화를 따라가고 있음에도 불구하고, 어떤 사람들은 여전히 뚱뚱한 여자를 예쁘다고 여기기도 한다. 물론, 진정한 아름다움은 외모나 옷, 장신구에 달려 있는 것이 아니라, 마음에 달려 있는 것이고 성품으로 나타나는 것임을 잊지 말자.

MEMO

SOMO LA TISA

9과

Hospitalini

병원에서

다음 대화를 듣고 빈칸을 채워보세요.

 Track 31

Daktari	Karibu ndani.
Minsu	Asante.
Daktari	Una shida gani?
Minsu	_____ sana.
Daktari	Unaumwa na kichwa pia?
Minsu	Ndio ninaumwa na kichwa pia.
Daktari	Ulianza kuhisi hivyo lini?
Minsu	Nilianza kukohoa jana.
Daktari	Kutokana na yale uliyoniambia, una _____ _____.
	Meza hii dawa mara mbili kwa siku.

≫ 대화 해석

의사	어서 오세요.
민수	감사합니다.
의사	어떻게 오셨어요?
민수	기침을 심하게 해요.
의사	머리도 아파요?
민수	네, 머리도 아파요.
의사	언제부터 아프기 시작했어요?
민수	어제부터 기침을 했어요.
의사	당신이 한 말에 따르면, 심한 감기에 걸린 것 같아요.
	이 약을 하루에 두 번 드세요.

Msamiati mpya 새단어

shida	불편함/나쁜 일	maumivu	아픔
~kohoa	기침을 하다	kifua	가슴
~umwa na kichwa	머리가 아프다	koo-	목
~hisi	느끼다	tumia	쓰다/이용하다
lini	언제	dawa	약
jana	어제	~meza	삼키다

어휘 Msamiati

1 Sehemu za mwili 신체 부위

① jicho	눈	⑤ nywele	머리카락
② kifua	가슴	⑥ kichwa	머리
③ mkono	팔, 손	⑦ mdomo	입, 입술
④ mguu	다리, 발	⑧ matako	엉덩이

2 Vielezi vya namna 양태 부사

	양태부사
halisi (동사 진행 부사)	**vizuri** 좋게 **vibaya** 나쁘게/심하게 **haraka** 빠르게 **polepole** 천천히
vikariri (동사 진행 강조 부사)	**haraka haraka** 빨리 빨리 **ovyo ovyo** 부주의하게
hali (방법 또는 상태 부사)	**kwa furaha** 행복하게 **kwa huzuni** 슬프게 **kwa bidii** 열심히
vivumishi (형용사 수식 부사)	**mno** 아주/많이 **sana** 아주/많이
vielezi (부사 수식 부사)	[다른 부사 앞에 나오는 부사] **sana** 아주, 매우 　**polepole sana** 매우 느리게 　**kwa huzuni sana** 매우 슬프게 　**kwa furaha sana** 매우 기쁘게 **mno** 아주, 매우 **kabisa** 아주, 매우

양태 부사의 사용법은 문법 및 표현 부분에서 더 자세히 살펴보자.

문법 및 표현   Sarufi na matumizi ya lugha

1 빈도

어떤 동작을 하는 빈도를 표현하려면 아래의 문장으로 자연스럽게 표현할 수 있다.

> 동사 **+ mara +** 숫자 **+ kwa +** 기간

Kunywa dawa hii **mara mbili** kwa siku.	이 약을 하루에 두 번 드세요.
Tutafanya mtihani **mara mbili** kwa mwezi.	우리는 한 달에 두 번 시험을 볼 거예요.

동사에 kiambishi 'hu'를 사용하면 그 일을 습관적으로 한다는 뜻을 표현된다. 한국어의 '하곤 하다'와 비슷하다고 볼 수 있다.

Mimi **hu**nywa dawa mara mbili kwa siku.	나는 하루에 두 번 약을 먹곤 해요.
Yeye **hu**soma mara moja kwa mwezi.	그는 한 달에 한 번 공부하곤 해요.
Sisi **hu**imba mara moja kwa mwaka.	우리는 일 년에 한 번 노래하곤 해요.

2 Baada ya, Kabla ya '~한 후', '~하기 전'

'Baada ya'는 한국어의 '~한 후', 그리고 'kabla ya'는 '~하기 전'의 뜻을 한다.

Baada ya kusoma, nililala.	책을 본 후에 잤다.
Kabla ya kulala, mimi hutazama televisheni.	잠을 자기 전에 나는 텔레비전을 본다.
Kabla ya mtihani, Minsu alisoma kwa bidii.	시험을 보기 전에 민수는 열심히 공부했다.

3 Vielezi 부사

부사는 어떠한 행동을 어떻게 하는지를 설명하는 말이다. 스와힐리어는 여러 가지 종류의 부사가 있는데 이 과에서 'vielezi vya namna', 즉 양태 부사에 대해 살펴볼 것이다. 양태 부사는 어휘 부분에서 볼 수 있듯이 여러 종류로 분류된다.

❶ 동사 진행 부사

이 종류의 부사는 동사가 어떻게 진행되는지를 설명해 준다.

> **vizuri** 좋게   **vibaya** 나쁘게/심하게   **haraka** 빠르게   **polepole** 천천히

Amina anatembea haraka.	아미나가 빨리 걷는다.
Mimi ninaimba vizuri.	나는 노래를 잘 부른다.
Ninakohoa sana.	(나는) 기침을 많이 한다.
Mwalimu anafunza polepole.	선생님이 천천히 가르친다.

❷ 동사 진행 강조 부사

이 종류의 부사는 앞서 설명한 부사 종류와 비슷하나 단어가 두 번씩 반복하여 쓴다. '똑같은 행동을 여러 번 반복하다' 즉 강조의 뜻을 가지고 있다.

> **haraka haraka** 빨리 빨리   **ovyo ovyo** 부주의하게

Amina anatembea haraka haraka.	아미나가 빨리 빨리 걷는다.
Juma anafanya kazi ovyo ovyo.	주마가 경솔하게 일을 한다.

'haraka haraka' 는 'haraka'를 강조하는 말이다. 하지만 'polepole'는 'pole'를 강조하는 말이 아니다. '천천히' 라고 말하려면 꼭 'polepole'라고 말해야 된다.

Minsu anaendesha gari polepole.	O
Minsu anaendesha gari pole.	X

❸ 방법 또는 상태 부사

이 종류의 부사는 행동이 어떤 방법 또는 어떤 상태로 이뤄지는지 설명해 준다. 주로 명사 뒤에 방법 또는 수단의 뜻을 나타내는 'kwa'와 함께 온다.

kwa furaha 행복하게	**kwa huzuni** 슬프게	**kwa bidii** 열심히

Minsu anaimba wimbo kwa furaha.	민수가 행복하게 노래를 부른다.
Hamisi anaimba wimbo kwa huzuni.	민수가 슬프게 노래를 부른다.

❹ 형용사 수식 부사

이 종류의 부사는 형용사를 수식하고 형용사 뒤에 온다.

sana 아주/매우	**mno** 아주/매우

Mwanafunzi yule ni mrembo sana.	그 학생은 아주 예쁘다.
Mwalimu yule ni mzuri mno.	그 선생님은 아주 좋다.

❺ 부사 수식 부사

이 종류의 부사는 다른 부사 뒤에 나온다. 보통 그 행동이 어떻게 진행되었는지를 강조할 때 쓰인다.

sana 아주/매우	**mno** 아주/매우	**kabisa** 아주

Minsu anaendesha gari polepole sana.	민수가 아주 천천히 운전을 한다.
(부사 'polepole'가 강조됐다)	
Hamisi anaimba wimbo kwa huzuni mno.	하미시가 아주 슬프게 노래를 부른다.
(부사 'kwa huzuni'가 강조됐다)	

지금까지 배운 내용을 참고해 더 복잡한 문장을 만들 수 있다.

주어 + 동사

Mtoto analia.   아이는 운다.

주어 + 형용사 + 동사

Mtoto mrefu analia.   키가 큰 아이는 운다.

주어 + 형용사 + 동사 + 부사

Mtoto mrefu analia kwa huzuni.   키가 큰 아이는 슬프게 운다.

주어 + 형용사 + 동사 + 부사 1 + 부사 2

Mtoto mrefu analia kwa huzuni mno. 키가 큰 아이는 아주 슬프게 운다.

연습 Mazoezi

1 아래의 대화를 읽어 보세요.

대화 1

Daktari : Una shida gani?   무슨 일 있어요?
Hamisi : Ninahisi maumivu kwa bega.   어깨가 아파서 왔어요.
Daktari : Maumivu yalianza lini?   언제부터 아팠어요?
Hamisi : Maumivu yalianza baada ya kucheza raga.   럭비를 한 후부터 아프기 시작했어요.

대화 2

Mwalimu   : Mwili wa binadamu una macho mangapi?   사람의 몸에 눈이 몇 개 있어요?
Wanafunzi : Una macho mawili.   두 개 있어요.
Mwalimu   : Masikio je?   귀는요?
Wanafunzi : Una masikio mawili.   귀는 두 개 있어요.
Mwalimu   : Pua je?   코는요?
Wanafunzi : Una pua moja.   코는 하나 있어요.
Mwalimu   : Miguu je?   다리는요?
Wanafunzi : Una miguu miwili.   다리는 두 개 있어요.

대화 3

Petero : Amina anafaya nini?   아미나가 뭐 하고 있어요?
Minsu : Amina anasoma kwa bidii.   아미나는 열심히 공부하고 있어요.
Petero : Hamisi anafanya nini?   하미시는 뭐 하고 있어요?
Minsu : Hamisi anaendesha gari kwa kasi.   하미시는 운전을 빨리 하고 있어요.
Petero : Mwalimu anafanya nini?   선생님은 뭐 하고 있어요?
Minsu : Mwalimu anafunza polepole.   선생님은 천천히 가르치고 있어요.

대화 4

Daktari   : Una shida gani?   무슨 일 있어요?
Mwanafunzi : Ninaumwa na tumbo.   배가 아파요.
Daktari   : Unahisi maumivu kwa kifua?   가슴도 아파요?
Mwanafunzi : La.   아니요.

대화 5

Amina   : Juma aliumia akicheza mpira.   주마가 축구를 하다가 다쳤어요.
Minsu   : Aliumia wapi?   어디를 다쳤어요?
Amina   : Aliumia kwa mguu.   발을 다쳤어요.

2 본문을 다시 듣고 다음 질문에 답하세요.

Track 31

❶ Minsu yuko yapi?

_____

❷ Minsu ana ugonjwa mgani?

_____

3 다음 신체 부위들을 한국어로 쓰세요.

mgongo	tumbo	sikio	pua

_____ _____ _____ _____

shingo	bega	ulimi

_____ _____ _____

4 아래에 있는 부사로 문장을 완성하세요.

보기

kwa furaha   kwa bidii   polepole   sana   kwa huzuni

Hamisi anaimba

_____

Amina anasoma

_____

Mvulana anaendesha
baiskeli _____

Wasichana wanacheza

_____

Minsu anaendesha gari
polepole _____

Mvulana anakohoa

_____

5 아래에 있는 부사와 동사를 이용해서 교실의 상황을 묘사하세요.

보기

~soma	~imba	~lia	~kimbia	~simama
~ andika	~ongea	~endesha	~funza	~cheza

polepole	haraka	ovyo ovyo	kwa furaha	kwa huzuni
kwa bidii	sana	mno	vizuri	vibaya
kwa makini				

Karibu katika darasa langu la Kiswahili. Darasa langu lina wanafunzi kumi na watano. Kwa sasa, mwalimu anafunza kwa bidii lakini Juma anacheza ovyo ovyo. Juma ni mwanafunzi mtukutu. Amina anamsikiliza mwalimu kwa makini sana. Amina alipita mtihani wa Kiswahili vizuri sana. Hemedi analia kwa huzuni. Hemedi alipoteza kitabu chake cha Kiswahili. Minsu ni mwanafunzi mzuri sana. Anamsikiza mwalimu kwa makini. Baada ya darasa la Kiswahili, kuna darasa la Kingereza.

Ngoma

Katika nchi ya Tanzania, makabila mengi hutumia ngoma katika michezo yao ya kitamaduni. Kila kabila lina ngoma yenye jina tofauti. Kwa mfano, kabila la Wakurya hucheza ngoma iitwayo 'ritungu'. Katika ngoma hii, wanawake na wanaume huvaa mavazi ya kitamaduni na kucheza katika makundi tofauti. Kabila la Wasukuma pia hucheza ngoma iitwayo 'gobogobo'. Tofauti na 'ritungu' , katika ngoma ya 'gobogobo', wanawake na wanaume hucheza katika kundi moja.

전통춤

탄자니아에선 많은 부족들이 음악 연주와 함께 전통 춤도 춘다. 부족마다 전통 춤의 이름이 다르다. 예를 들어, '쿠랴족'에선 부족의 전통 춤을 'ritungu'라고 하고, 춤을 출 때 모두 전통 옷을 입고 남자는 남자끼리 여자는 여자끼리 그룹별로 춤을 춘다. '수쿠마족'에서는 전통 춤을 'gobogobo'라고 부른다. 'Ritungu'와 달리 'gobogobo'를 출 땐 남자와 여자가 같이 한 그룹에서 춤을 춘다.

*유튜브로 'ritungu'와 'gobogobo'를 검색해 보세요. 'Ritungu'의 특징에 대해 알아 보세요.

MEMO

Ukoo

가족

다음 대화를 듣고 빈칸을 채워보세요.

Track 34

Hamisi	Karibu katika kijiji cha Mbile.
Minsu	Ni nani anaishi hapa?
Hamisi	＿＿＿＿＿＿＿＿＿＿ wangu ndiye anayeishi hapa.
	Hii ni nyumba yake.

- -

Hamisi	Hodi!
Ali	Oh! Hamisi! Karibu ndani.
Hamisi	Huyu ni rafiki yangu. Anaitwa Minsu.
Ali	Karibu sana. Mimi ni mjomba wa Hamisi na
	＿＿＿＿＿＿＿＿＿＿ Ali.

≫ 대화 해석

하미시 'Mbile' 동네에 오신 것을 환영합니다.

민수 여기에 누가 살아요?

하미시 우리 삼촌께서 여기에 사세요. 이 집은 삼촌의 집이에요.

하미시 계세요?

알리 오! 하미시! 어서 와.

하미시 이 쪽은 제 친구예요. 민수라고 해요.

알리 어서 오세요. 저는 하미시의 삼촌이고 알리라고 해요.

Msamiati mpya 새 단어

mjomba	삼촌	~bisha	문을 두드리다
mjomba wangu	우리 삼촌	~ingia	들어가다
nyumba	집	~keti	앉다

어휘 Msamiati

1 Ukoo na famila 가족

동아프리카에서 가족은 아주 중요한 사회 제도이기 때문에 가족과 관련된 어휘가 많다.

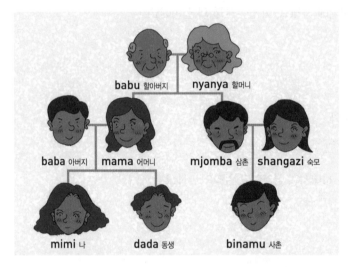

babu	할아버지	**shangazi**	고모, 이모, 숙모
nyanya	할머니	**binamu**	사촌
baba	아버지	**mjukuu**	손주
mama	어머니	**mke**	아내
kaka	오빠, 형, 남동생	**mume**	남편
dada	언니, 누나, 여동생	**mwana**	자식
ndugu	형제	**mzazi**	부모
mjomba	삼촌, 외삼촌		

2 Amri 명령

친구나 아랫사람에게 명령을 할 때 동사의 원형을 사용하여 이야기하면 된다.

Tembea. 걸어라!　　　　　　　**Simama.** 일어나라!

Soma. 읽어라!　　　　　　　**Cheza.** 놀아라!

하지만 윗사람과 말하는 경우나 공식적인 자리에서 말하는 경우에는 'tafadhali'를 꼭 사용해야 한다.

Tafadhali **soma kitabu.**　　　책을 읽어 주세요.

Tafadhali **simama.**　　　　　일어나 주세요.

1 Vivumishi vimilikishi 소유를 나타내는 형용사

소유격에 대해 알아보고 한다. 한국어는 단순하게 명사 뒤에 '~의'라는 조사를 붙이면 되는데, 스와힐리어는 한국어와 다르게 명사 부류 체계에 따라 소유격 원형 앞에 붙이는 접사가 바뀐다.

내 차가 좋다.	**Gari** langu **ni nzuri.**	(1인칭 단수)
내 책이 좋다.	**Kitabu** changu **ni kizuri.**	

그리고 인칭에 따라서도 접미사가 달라진다.

그의 차가 좋다.	**Gari** lake **ni nzuri.**	(3인칭 단수)
그의 책이 좋다.	**Kitabu** chake **ni kizuri.**	

아래의 표와 예시를 보고 소유를 나타내는 접미사를 익혀보자.

	1 인칭	2 인칭	3 인칭
단수형	-angu	-ako	-ake
복수형	-etu	-enu	-ao

Kitabu changu	나의 책	**Kitabu** chetu	우리의 책
Kitabu chako	너의 책	**Kitabu** chenu	너희들의 책
Kitabu chake	그의 책	**Kitabu** chao	그들의 책

위에서는 소유되는 명사가 하나인 경우를 보았는데 소유 명사가 여러 개, 즉 복수인 경우 다음과 같이 표현해야 한다.

Vitabu vyangu	나의 책들	**Vitabu** vyetu	우리의 책들
Vitabu vyako	너의 책들	**Vitabu** vyenu	너희들의 책들
Vitabu vyake	그의 책들	**Vitabu** vyao	그들의 책들

다음은 소유를 나타내는 형용사 앞에 붙이는 접두사의 정리이다.

명사 부류	단수 / 복수		1인칭	2인칭	3인칭
A-WA	단수	w~	wangu	wako	wake
	복수	w~	wetu	wenu	wao
KI-VI	단수	ch~	changu	chako	chake
	복수	vy~	vyangu	vyenu	vyao
U-I	단수	w~	wangu	wako	wake
	복수	y~	yetu	yenu	yao
LI-YA	단수	l~	langu	lako	lake
	복수	l~	letu	lenu	lao
I-ZI	단수	y~	yangu	yako	yake
	복수	z~	zetu	zenu	zao
U-ZI	단수	w~	wangu	wako	wake
	복수	z~	zetu	zenu	zao

KI-VI 명사 부류	
Kiatu changu kimepotea.	내 신발은 없어졌다.
Viatu vyetu vimepotea.	우리의 신발들은 없어졌다.
Kiatu chako kimepotea.	네 신발은 없어졌다.
Viatu vyenu vimepotea.	너희들의 신발들은 없어졌다.
Kiatu chake kimepotea.	그의 신발은 없어졌다.
Vyatu vyao vimepotea.	그들의 신발들은 없어졌다.

baba, mama, dada, kaka, rafiki 등과 같은 친척어의 경우 소유격 'wangu' 대신에 'yangu'를 사용한다. 소유격 'yangu'의 복수형은 'zangu'이다.

dada yangu 나의 언니/여동생

dada zangu 나의 언니들, 여동생들

dada zetu 우리의 언니들/여동생들

dada zao 그들의 언니들/여동생들

앞에 설명한 것처럼 'ngeli'에 따라 접두사가 달라진다. 'KI-VI 명사 부류'의 접두사가 'ch~'이고 복수 형태로 바꾸면 'vy~'로 바뀐다.

위에서 배운 내용 외에 소유를 나타내는 다른 방법이 있다. 이 방법은 3인칭의 경우에만 쓸 수 있고 이 형태로 소유를 나타내기 위해선 소유를 나타내는 형용사 대신에 소유를 나타내는 'kiambishi'와 그 명사를 소유하는 인물이나 사물이 온다.

Gari lake **ni nzuri.**	그의 차가 좋다.
Gari la **Musa ni nzuri.**	모세의 차가 좋다.

두 번째 문장에서 누구의 차인지를 더 구체적으로 언급되었다. 다음 문장을 읽어 보고 차이점이 무엇인지 알아보자.

Kitabu cha **Juma kimepotea.**	주마의 책이 없어졌다.
Kitabu chake **kimepotea.**	그의 책이 없어졌다.
Nyumba ya **Ali ni kubwa.**	알리의 집이 크다.
Nyumba yake **ni kubwa.**	그의 집이 크다.

A-WA	단수	wa	Mtoto wa Juma ni mrefu.
	복수	wa	Watoto wa Juma ni warefu.
KI-VI	단수	cha	Kiatu cha Musa ni ghali.
	복수	vya	Viatu vya Musa ni ghali.
U-I	단수	wa	Mkono wa Hamisi ni mrefu.
	복수	ya	Mikono ya Hamisi ni mirefu.
LI-YA	단수	la	Tunda la Juma limeoza.
	복수	ya	Matunda ya Juma yameoza.
I-ZI	단수	ya	Chupa ya dawa imepotea.
	복수	za	Chupa za dawa zimepotea.
U-ZI	단수	wa	Uso wa mwanafunzi ni mkubwa.
	복수	za	Nyuso za wanafunzi ni kubwa.

※ 'dada'는 'A-WA' 부류에 있는데 불규칙한 명사다. 복수형일때도 안 바뀐다.

연습 Mazoezi

1 아래의 대화를 읽어 보세요.

대화 1

A : Jina lako ni?   이름이 뭐예요?
B : Jina langu ni Minsu.   제 이름이 민수예요.
A : Wewe ni rafiki wa Amina.   아미나의 친구인가요?
B : Ndio, mimi ni rafiki wa Amina.   네, 저는 아미나의 친구예요.

대화 2

A : Hiki ni kiatu cha nani?   이거는 누구 신발이에요?
B : Hiki ni kiatu cha Juma.   주마의 신발이에요.
A : Hili ni shati la nani?   이거는 누구 셔츠예요?
B : Hili ni shati la Minsu.   민수의 셔츠예요.
A : Hiki ni kitabu cha nani?   이거는 누구 책이에요?
B : Hiki ni kitabu cha Maria.   마리아의 책이에요.

대화 3

A : Mjomba wako anafanya kazi gani?   삼촌이 무슨 일을 해요?
B : Mjomba wangu ni dereva.   제 삼촌은 운전사예요.
A : Ndugu yangu ni dereva pia!   제 형도 운전사예요!

2 본문을 다시 듣고 다음 질문에 답하세요.   🙂 Track 34

❶ Minsu na Hamisi wako wapi?

_____

❷ Jina la mjomba wa Hamisi ni?

_____

3 보기에서 알맞은 소유 형용사를 골라서 빈칸을 채우세요.

보기

lake   chake   changu   vyao   wangu   chako

❶ Maria anaendesha gari _____.

❷ Minsu aliukata mti _____.

❸ _____ ni changu na changu ni _____.

❹ Minsu na Hamisi wanapanga viti _____.

4 빈칸을 채우세요.

❶ Gari _____ Juma limeharibika.

❷ Darasa _____ Kiswahili linafurahisha.

❸ Kitabu _____ Hamisi kilipotea.

❹ Chupa _____ pombe zimepotea.

5 가족

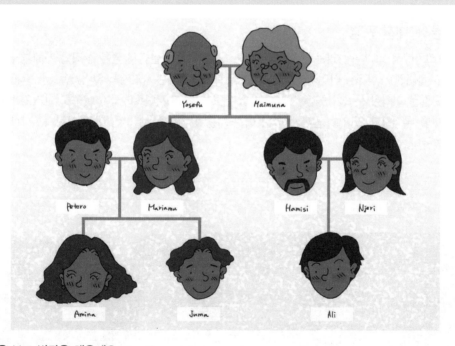

그림을 보고 빈칸을 채우세요.

❶ Maimuna ni _____ wa Ali.   **❷** Yosefu ni _____ wa Hamisi.

❸ Mariamu ni _____ wa Ali.   **❹** Juma ni _____ wa Yosefu.

❺ Ali ni _____ wa Juma.

Track 36

Heshima kwa Wazee

Katika kila jamii Afrika mashariki, wazee wanaheshimiwa na watu wote. Hii ni kwa sababu wana maarifa na ujuzi unaotokana na uzoefu. Zamani, mzee akipita kando ya watoto, watoto hao walitakiwa kusimama kama ishara ya heshima. Siku hizi, mila hizi zinaendelea kudidimia. Katika jamii ya Wamaasai, mzee na mtu aliye na umri mdogo wakisalimiana, mzee huweka mikono yake juu ya kichwa cha huyo mtu.

웃어른에 대한 공경

동아프리카에서 노인들은 많은 존경을 받는다. 오랜 세월을 살면서 얻은 진리와 지혜가 많기 때문이다. 과거엔 노인께서 아이들 앞에 지나가실 때, 아이들은 자리에서 일어서는 것이 예의였다. 다만 요즘은 이러한 문화가 점점 사라지고 있다. 하지만 마사이족에서는 여전히 과거의 노인 공경 문화를 유지하고 있어, 노인께서 나이 어린 사람과 인사할 때 나이 어린 사람의 머리에 손을 올려 놓는다.

Sitaki soda

소다를 마시고 싶지 않아요.

다음 대화를 듣고 빈칸을 채워보세요.

Track 37

Hamisi	Minsu, utakula nini?
Minsu	Nitakula ugali kwa _____.
Hamisi	Unapenda mboga gani?
Minsu	Ninapenda sukuma wiki.
Hamisi	Haya. Weita!
Weita	Naam!
Hamisi	Nisaidie na ugali kwa _____ wiki sahani moja, chapati kwa nyama sahani moja na soda mbili.
Minsu	Sitaki soda.
Hamisi	Basi nipe soda moja.

≫ 대화 해석

하미시	민수, 뭐 먹을 거예요?
민수	'Ugali'랑 야채를 먹을 거예요.
하미시	무슨 야채를 좋아해요?
민수	'Sukuma wiki'를 좋아해요.
하미시	그래요! 웨이터!
웨이터	네!
하미시	'Ugali'랑 'sukuma wiki' 한 그릇, 그리고 'chapati'와 고기 한 그릇이랑 소다 두 병 주세요.
민수	소다를 마시고 싶지 않아요.
하미시	그럼 소다 한 병만 주세요.

Msamiati mpya 새 단어

~penda	좋아하다	sitaki	원하지 않다 /필요하지 않다
mboga	야채	basi	그러면
sukuma wiki	양배추처럼 생긴 채소	~kunywa	마시다
weita	웨이터	~leta	가져오다
sahani	접시	tena	그리고/게다가
soda	소다	~agiza	주문하다
~taka	원하다/필요하다		

1 Vyakula 음식

ugali kwa sukuma wiki
우갈리 및 야채

chapati kwa nyama
차파티 및 고기

ugali kwa samaki na kachumbari
우갈리 및 생선과 토마토 샐러드

mayai
달걀

maziwa
우유

mkate
빵

wali kwa madondo
밥 및 콩

ndizi
바나나

pombe
맥주

위에 있는 음식들은 동아프리카 사람들이 많이 먹는 음식들이다. 하지만 부족마다 주로 먹는 음식이 다르다. 케냐의 주식은 옥수수 가루로 만든 'ugali'라는 음식인데, 케냐에 있는 'Kikuyu' 부족의 주식은 'githeri'이 다. 'Githeri'는 옥수수와 콩을 끓여서 만든 음식이다.

'Mchele'는 익기 전의 쌀을 가리키는 말인데 밥을 가리키는 'wali' 대신에 쓰이기도 한다. 특히 케냐 식당에 서 'wali na maharagwe'(밥과 강낭콩) 또는 'wali na nyama'(밥과 고기)라는 메뉴 이름을 많이 듣게 될 것이다.

2 Chakula kulingana na wakati 식사

chakula cha asubuhi	아침 식사
chakula cha mchana	점심 식사
chakula cha jioni	저녁 식사

3 Upishi 요리

kauka	마르다	kuna	갈다
kanda	반죽하다	nawa	씻다
changanya	섞다	ongeza	늘리다
choma	굽다	punguza	줄이다
katakata	썰다	tayarisha	준비하다
toa	빼다	iva	익히다

4 Vifaa vinavyopatikana jikoni 부엌에 있는 물건

bakuli	그릇	kijiko	숟가락
chumvi	소금	unga	가루
kikombe	컵	friji / jokofu	냉장고
sahani	접시	mwiko	주걱처럼 생긴 취사 도구

5 기타

mkahawa	식당	hoteli	호텔

케냐 사람들은 주로 식당을 가리킬 때 'mkahawa'보다 습관적으로 'hoteli'라는 말을 더 많이 쓴다.

문법 및 표현 Sarufi na matumizi ya lugha

1 Kuomba kitu 음식이나 물건을 달라고 할 때

음식이나 다른 물건을 달라고 할 때 아래의 표현을 쓴다. 'Nisaidie'의 원형은 '~saidia'이고 '도와 주다'라는 뜻이다.

Nisaidie na + 목적어

Nisaidie na menyu.	메뉴(판) 좀 주세요.
Nisaidie na maji ya kunywa.	(먹는) 물 좀 주세요.
Naomba kuagiza chakula, nisaidie na menyu.	음식을 주문하려고 하는데, 메뉴(판) 주세요.

앞 과에서 설명한 것처럼 보통 윗사람이나 친하지 않은 사람한테 물건을 달라고 할 때 'nisaidie' 앞에 꼭 'tafadhali'를 붙여야 한다.

Tafadhali nisaidie na menyu.

Tafadhali nisaidie na maji ya kunywa.

2 Kukanusha 부정하거나 반대하기

한국어에는 부정할 때 쉽게 '~가 아니다' 또는 '–지 않다'를 쓰는데, 스와힐리어의 부정 표현은 한국어의 부정 표현만큼 간단하지 않다.

동사 'ni'가 있는 문장을 부정할 때 'ni'를 'si'로 바꾸면 된다. 'si'는 한국어의 '아니다'와 비슷한 뜻을 가지고 있다.

Amina ni mwanafuzi mwerevu.	아미나는 똑똑한 학생이다.
Amina si mwanafunzi mwerevu.	아미나는 똑똑한 학생이 아니다.
Kiswahili ni lugha rahisi.	스와힐리어는 쉬운 언어다.
Kiswahili si lugha rahisi.	스와힐리어는 쉬운 언어가 아니다.

위에서 언급한 것처럼 한국어에서는 동사를 부정할 때 단순히 '–지 않다'를 붙이면 되는데 스와힐리어의 부정 표현은 한국어의 부정 표현처럼 단순하지 않다. 명사 부류 뿐만 아니라 시간과 주어, 또한 주어가 단수나 복수인지에 따라 달라진다. 이 과에서는 'A-WA 명사 부류의' 부정법에 대해서만 다룰 것이다. 아래의 문장을 보자.

Mwanafunzi amepita mtihani.	학생이 (방금) 시험에 합격했다.
Mwanafunzi hajapita mtihani.	학생이 시험에 합격하지 않았다.
Wanafunzi wamepita mtihani.	학생들이 시험에 합격했다.
Wanafunzi hawajapita mtihani.	학생들이 시험에 합격하지 않았다.

부정문을 만들 때 동사 앞에 특별한 'viambishi' 즉 접사를 붙인다. 이 접사들은 목적어가 단수인지 복수인지, 또한 몇 인칭에 따라서 달라진다.

	1 인칭	2 인칭	3 인칭
단수형	si	hu	ha
복수형	hatu	ham	hawa

위의 표를 참고하여 부정 표현을 만드는 것을 배워 보자. 먼저 1인칭의 동사 부정 표현을 살펴보자.

		과거		현재		미래	
~soma 읽다	단수	nilisoma	sikusoma	ninasoma	sisomi	nitasoma	sitasoma
	복수	tulisoma	hatukusoma	tunasoma	hatusomi	tutasoma	hatutasoma
~cheza 놀다	단수	nilicheza	sikucheza	ninacheza	sichezi	nitacheza	sitacheza
	복수	tulicheza	hatukucheza	tunacheza	hatuchezi	tutacheza	hatutacheza
~la 먹다	단수	nilikula	sikula	ninakula	sili	nitakula	sitakula
	복수	tulikula	hatukula	tunakula	hatuli	tutakula	hatutakula

위의 표에서 볼 수 있듯이 동사의 현재 시제 부정 표현의 형태는 끝이 'i'로 변한다는 점을 주의해야 된다. 또한 스와힐리어에는 불규칙 동사도 있다. 예를 들면 '먹다'는 스와힐리어로 '~la'라고 하는데 부정 현재 시제에서 'sili'로 바뀐다.

2인칭의 동사 부정 표현의 활용도 다음 표를 통하여 살펴보겠다.

	과거		현재		미래	
단수형	ulisoma	hukusoma	unasoma	husomi	utasoma	hutasoma
복수형	mlisoma	hamkusoma	mnasoma	hamsomi	mtasoma	hamtasoma
단수형	ulicheza	hukucheza	unacheza	huchezi	utacheza	hutacheza
복수형	mlicheza	hamkucheza	mnacheza	hamchezi	mtacheza	hamtacheza
단수형	ulikula	hukula	unakula	huli	utakula	hutakula
복수형	mlikula	hamkula	mnakula	hamli	mtakula	hamtakula

다음은 3인칭의 동사 부정 표현의 예이다.

	과거		현재		미래	
단수형	alisoma	hakusoma	anasoma	hasomi	atasoma	hatasoma
복수형	walisoma	hawakusoma	wanasoma	hawasomi	watasoma	hawatasoma
단수형	alicheza	hakucheza	anacheza	hachezi	atacheza	hatacheza
복수형	walicheza	hawakucheza	wanacheza	hawachezi	watacheza	hawatacheza
단수형	alikula	hakula	anakula	hali	atakula	hatakula
복수형	walikula	hawakula	wanakula	hawali	watakula	hawatakula

부정 표현을 구성할 때 시제를 나타내는 접사 'viambishi'가 어떤 것인지, 인칭을 나타내는 'viambishi'가 무엇인지 먼저 알아 두는 것이 좋다. 스와힐리어는 이러한 접사가 다양하고 동사의 원형을 활용시키는 규칙들이 많다. 동사가 어떻게 접사들과 결합하여 활용하는지를 다음 예문에서 살펴보자.

인칭을 나타내는 접사	시제를 나타내는 접사	동사 원형		활용동사	
a	li	cheza	○	alicheza	(그는) 놀았다.
ha	ku	cheza	○	hakucheza	(그는) 안 놀았다.

연습 Mazoezi

---

1 아래의 대화를 읽어 보세요.

대화 1

Weita	: Karibu.	어서 오세요.
Amina	: Asante. Minsu, utakunywa nini?	감사합니다. 민수 씨, 뭐 마실 거예요?
Minsu	: Nitakunywa chai.	차를 마실 거예요.
Amina	: Nitakunywa kawaha tu.	난 커피만 마실 거예요.
Minsu	: Haya, wacha niagize.	그럼 제가 주문할게요.
	(Kwa sauti kubwa) Weita!	저기요!
Weita	: Naam!	네!
Minsu	: Nisaidie na kahawa glasi moja,	커피 한 잔, 차 한잔 주세요
	chai glasi moja.	

대화 2

Petero	: Maria, unapenda chakula kigani?	마리아, 무슨 음식을 좋아해요?
Maria	: Ninapenda pilau. Wewe je?	저는 필라우를 좋아해요. 베드로 씨는요?
Petero	: Ninapenda ugali na nyama choma.	저는 우갈리하고 구운 고기를 좋아해요.

---

2 본문을 다시 듣고 다음 질문에 답하세요.　　　 Track 37

❶ Minsu ameagiza chakula kigani?

_____

❷ Je, Minsu atakunywa soda?

_____

---

3 아래의 문장을 부정 표현으로 바꿔 보세요.

❶ Amina anasoma. _____

❷ Juma anacheza na Maria. _____

❸ Mila aliagiza chakula. _____

④ Paka alikula chakula. _____

⑤ Minsu anajua kuongea Kiswahili. _____

⑥ Mji wa Nairobi ni mkubwa sana. _____

4 다음 부정문을 평서문으로 바꿔 보세요.

❶ Maria hakuanguka mtihani. _____

❷ Minsu hakuenda Kenya. _____

❸ Kitabu hiki si changu. _____

❹ Petero hajui kusoma Kifaransa. _____

❺ Amina halali darasani. _____

❻ Jabali hapendi ugali. _____

❼ Amina si msichana mrembo. _____

5 동사의 부정 표현으로 짧은 글을 써 보세요.

Mfano

Jina langu ni Minsu. Mimi ni mwanafunzi wa lugha ya Kiswahili na ninasoma katika chuo kikuu cha Nairobi. Baba yangu ni mwalimu. Yeye anapenda kusoma vitabu. Mama yangu ni daktari. Nina ndugu mmoja.

Jina langu si Minsu. Mimi si mwanafunzi wa lugha ya Kiswahili na sisomi katika chuo kikuu cha Nairobi. Baba yangu si mwalimu. Yeye hapendi kusoma vitabu. Mama yangu si daktari. Sina ndugu mmoja.

_____

_____

_____

_____

Track 39

Ugali

Ugali ni chakula ambacho kimetengenezwa kutokana na unga wa mahindi. Ugali ni rahisi kupika na huliwa kwa mboga kadhalika kama vile nyama, kabeji na sukuma wiki. Vile vile, unaweza kula ugali kwa maziwa. Unapopika ugali, unahitaji viungo vifuatavyo : maji na unga wa mahindi.

Jinsi ya kupika ugali.

1. Tia maji katika sufuria na uyaweke motoni.
2. Maji yakisha chemka, tia uga wa ugali ukikoroga mpaka utengeneze mkorogo unaofanana na uji.
3. Wacha mkorogo huu uchemke kwa dakika chache.
4. Punguza moto kidogo na utie unga kidogo kidogo ukisonga.
5. Endelea kusonga mpaka ugali ushikamane.

우갈리

우갈리는 옥수수 가루로 만든 음식이다. 우갈리를 만드는 법은 간단하며 여러 야채 (가령 'sukuma wiki')와 고기 등과 함께 먹을 수 있다. 우유와 같이 먹어도 괜찮다. 우갈리를 만들기 위해서는 물과 옥수수 가루가 필요하다.

〈우갈리 만드는 법〉

1. 냄비에 물을 넣으세요.
2. 물이 끓을 때, 옥수수가루를 조금 넣은 후 개어 주세요. 죽처럼 될 때까지 계속 휘저으세요.
3. 죽처럼 생긴 것을 잠시 그대로 놓으세요.
4. 불을 줄이고, 가루를 조금씩 넣으면서 섞어 주세요.
5. 빵처럼 생긴 것이 나올 때까지 계속해서 저어 주세요.

MEMO

Hali ya hewa

날씨

다음 대화를 듣고 빈칸을 채워보세요. Track 40

Minsu   Hamisi, leo kuna joto jingi sana!

Hamisi   Ndio, nina jasho jingi!

Minsu   Ulitazama _____ wa hali ya hewa?

Hamisi   Sikutazama utabiri wa hali ya hewa. Kesho hali ya anga inatarajiwa kuwa aje?

Minsu   Kesho _____ na mvua na upepo mkali.

Hamisi   Basi hatutaenda kutazama mchezo wa raga.

Minsu   Mvua inatarajiwa kunyesha jioni. Mchezo wa raga utachezwa asubuhi.

≫ 대화 해석

민수   하미시, 오늘 아주 더워요!

하미시   네, 땀이 많이 나요.

민수   일기 예보를 봤어요?

하미시   일기 예보를 안 봤어요. 내일 날씨는 어떨까요?

민수   내일 비가 내릴 거고 바람도 많이 불 거예요.

하미시   그럼, 럭비 경기를 보러 안 갈래요.

민수   비는 오후에 내릴 거고 경기는 오전에 해요.

Msamiati mpya 새 단어

joto	덥다	utabiri wa hali ya hewa	일기 예보
joto jingi	아주 덥다	~tarajia	예상하다
jasho	땀	mchezo wa raga	럭비
~tazama	보다	mvua	비
hali ya hewa	날씨	~nyesha	내리다

어휘 Msamiati

1 Hali ya anga/hewa 날씨

mvua	비	joto	덥다
jua	해/햇빛	umeme	번개
upepo	바람	radhi	천둥
mawingu	구름	theluji	눈
baridi	춥다	barafu	얼음
ukame	가뭄		

2 Michezo 운동

mchezo wa kandanda	축구	hoki	하키
mpira wa vikapu	농구	voliboli	배구
tenisi	테니스	miereka	씨름
raga	럭비	ndondi	복싱

문법 및 표현 Sarufi na matumizi ya lugha

1 Hali ya anga/hewa 날씨

스와힐리어로 날씨에 대해 질문할 때는 아래 예문과 같이 말한다. 'Hali ya anga' 또는 'hali ya hewa'는 날씨를 뜻한다. 'Gani'는 '어떤'이라는 뜻으로 질문을 할 때 쓰이는 의문사다. 이후에 의문사에 대해 더 자세히 배울 것이다.

> **Kuna hali gani ya anga/hewa leo?**　오늘 날씨는 어때요? (오늘은 어떤 상태의 날씨가 있어요?)
>
> **Hali ya anga iko aje/namna gani?**　날씨는 어때요? (날씨는 어떤 상태에 있어요?)

지난 날, 즉 과거의 날씨에 대해 물어 볼 때 'kulikuwa na'를 쓰고, 앞날의 날씨에 대해 물어 보는 경우 'kutakuwa na'를 쓴다.

과거	현재	미래
kulikuwa	kuna	kutakuwa

> **Kulikuwa na hali gani ya anga jana?**　어제 날씨는 어땠어요?
>
> **Kutakuwa na hali gani ya anga kesho?**　내일 날씨는 어떨까요?

위의 질문을 답할 때 아래의 간단한 표현으로 대답할 수 있다.

> **Kuna jua.**　해가 쨍하고 비추고 있어요.
>
> **Kutakuwa na joto jingi sana.**　아주 더울 것 같아요.
>
> **Kulikuwa na mvua iliyoandamana na ngurumo za radhi.**
> 비가 계속 오고 천둥과 번개가 쳤어요.

다음 날씨에 관한 대화를 보자.

> A : **Je hali ya anga iko aje?**　날씨가 어때요?
>
> B : **Kuna jua kali?**　햇빛이 강해요.
>
> A : **Ulitazama utabiri wa hali ya hewa?**　일기 예보를 봤어요?
>
> B : **Naam.**　네.
>
> A : **Hali ya anga kesho itakuwa aje?**　내일 날씨가 어떨까요?
>
> B : **Kutakuwa na mawingu na upepo mkali.**　내일 구름이 낄 거고 바람이 세게 불 거예요.

2 Viunganishi 접속사

'Kiunganishi/viunganishi', 즉 접속사는 두 개 이상의 사물이나 문장을 연결시키는 것이다. 지금까지 많이 쓰던 'na'는 역시 접속사이다.

Juma alinunua maziwa na mkate.　　주마가 우유와 빵을 샀다.

다음 스와힐리어 접속사들은 문장에서 어떤 역할을 하는지 알아보자.

❶ Kujumuisha

이 부류의 접속사들은 '추가'의 기능을 가지고 있다.

na	그리고, ~하고, ~와/과	Amina na Hamisi walienda kutembea. 아미나하고 하미시가 산책하러 갔다.
pia	또, 또한, 그리고, 도	Mwalimu pia alichelewa. 선생님께서도 늦으셨다.
zaidi ya	~보다 더, 게다가, 또, 더	Sina la kusema zaidi ya yale niliyoyasema. 내가 말한 것들 말고 더 이상 말할 것이 없다.
pamoja na	~와 함께, 같이. 함께	Hamisi alikimbia pamoja na Ali. 하미시는 알리와 함께 뛰었다.

❷ Kuonyesha chanzo/kiini

이 부류의 접속사들은 원인이나 이유를 나타내는 데 쓰인다. 이유를 나타내는 접속사 중에 'kwa sababu'가 가장 많이 사용된다.

Kwa nini mtoto analia?　　아기가 왜 울어요?

Analia kwa sababu anahisi njaa.　　배고파서 울어요.

ili	~을 위해, ~하러	Mwanafunzi alisoma kwa bidii ili apate alama nzuri. 학생은 좋은 성적을 위해 열심히 공부했다.
kwa sababu	~때문에, ~아/어서	Mtoto analia kwa sababu aliumia. 아이가 다쳐서 울고 있다.
kwa kuwa	왜냐하면, ~아/어서	Amina ana furaha kwa kuwa alipita mtihani. 아미나는 시험을 잘 봐서 행복하다.
kwa vile	~때문에, ~ 탓에	Minsu ana huzuni kwa vile alianguka mtihani. 민수는 시험에 떨어져 슬프다.

❸ Kuonyesha tofauti

이 부류의 접속사들은 차이나 서로 반대인 상황을 나타낸다. 차이를 나타내는 접속사 'lakini'는 가장 많이 쓰인다.

lakini	~지만, ~함에도 불구하고, ~해도	Minsu alisoma kwa bidii lakini alianguka mtihani. 민수는 열심히 공부했지만 시험을 못 봤다.
ingawa	~해도, ~할지라도, ~해도	Igawa Minsu alianguka mtihani, ana furaha. 민수는 시험을 못 봤어도 행복하다.
kinyume na	반면에, 반대로, 의외로	Kiswahili ni rahisi kinyume na maoni ya wanafunzi. 스와힐리어는 학생들의 생각보다 쉽다.
bila	~ 없이	Amina alienda sokoni bila mwavuli. 아미나가 우산 없이 시장에 갔다.

❹ Kulinganisha

이 부류의 접속사들은 목적어를 다른 것과 비교할 때 쓰인다.

kama	~와 같은, ~정도	Umasikini ni kama ugojwa. 가난함은 병과 비슷하다.
sawa na	~와 같은, ~정도	Umasikini ni sawa na ugonjwa. 가난함은 병과 비슷하다.
kuliko	~보다	Sukari ni ghali kuliko chumvi. 설탕은 소금보다 더 비싸다.
zaidi ya	~보다 더	Sukari ni ghali zaidi ya chumvi 설탕은 소금보다 더 비싸다.

❺ Kuonyesha kitendo baada ya kingine

이 부류의 접속사들은 어떤 행동이 일어난 이후에 다른 행동이 일어났다는 것을 가리킬 때 쓰이는 접속사이다.

baada ya	~한 후	Nililala baada ya kucheza. 놀고 난 후에 잤다.
kisha	~한 후, ~하고 나서, 그리고	Hamisi alicheza kisha akasoma. 하미시는 놀고 나서 공부했다.

❻ Kuonyesha kitendo kabla ya kiingine

이 부류의 접속사들은 어떤 행동이 일어나기 전에 다른 행동이 일어났다는 것을 가리킬 때 쓰이는 접속사이다.

kabla ya	~하기 전에	Kabla ya kulala, nilifanya kazi ya ziada. 잠을 자기 전에 숙제를 했다.

3 Viulizi 의문사

스와힐리어에는 의문사가 많으며 질문을 할때 동사의 원형을 바꾸는 것들도 존재한다. 이 중에서 형태가 바뀌지 않는 의문사를 몇 개만 알아보자.

❶ Lini? 언제?

어떤 행동이 언제 일어났는지 또는 일어날지를 물을 때 'lini'란 의문 형용사가 쓰인다. **'Lini'**의 특징은 어떤 경우에도 형태가 바뀌지 않는다는 것이다. **'Lini'**는 문장 뒤에 붙는다.

Utakuja Tanzania lini?	언제 탄자니아에 와요?
Ulienda Kenya lini?	언제 케냐에 갔어요?

❷ Nani? 누구?

'Nani'는 사람에 대해 질문할 때 쓰인다.

Jina lako ni nani?	이름이 뭐예요?
Ni nani anasoma?	누가 공부하고 있어요?
Ni nani anaimba?	누가 노래를 부르고 있어요?

❸ Wapi? 어디에?

장소에 대해 물을 때 **'wapi'**를 쓴다.

Umetoka wapi?	어디에서 왔어요?
Unaenda wapi?	어디에 가요?

연습 Mazoezi

1 아래의 대화를 읽어 보세요.

대화 1

A : Hali ya anga iko aje?   날씨가 어때요?

B : Kuna jua kali lakini jioni kutanyesha.   지금 햇빛이 강한데 저녁 때는 비가 내릴 거예요.

A : Kesho je?   내일은요?

B : Kesho kutakuwa na mawingu asubuhi na mvua jioni.

         내일은 오전에 구름이 끼겠고 저녁에 비가 내릴 거예요.

대화 2

Karibu mpenzi mtazamaji katika utabiri wa hali ya hewa. Kesho tunatarajia mvua katika maeneo ya ukanda wa pwani. Katika maeneo yaliyoko magharibi mwa nchi, tunatarajia mawingu ambayo yatasababisha mvua usiku.

시청자 여러분 날씨를 알려 드리겠습니다. 내일은 해안에 비가 내리겠습니다. 서쪽 지역에는 구름이 끼겠고 그로 인해 밤에는 비가 오겠습니다.

대화 3

A : Unapenda hali gani ya anga?   어떤 날씨를 좋아해요?

B : Ninapenda wakati kuna jua na upepo mwanana.   해가 있고 부드러운 바람을 불 때를 좋아해요.

A : Ninapenda wakati kuna mvua.   저는 비가 내릴 때를 좋아해요.

2 본문을 다시 듣고 다음 질문에 답하세요.   😊 Track 40

❶ Leo hali ya anga iko aje?

_____

❷ Hamisi na Minsu walikuwa wanapanga kufanya nini?

_____

3 그림 아래에 있는 빈칸을 채우세요.

_____ _____ _____

Kuna jua kali. _____ _____

4 아래의 접속사를 참고하여 빈칸을 채우세요.

> **보기**
>
> pamoja na   kabla ya   kwa sababu   baada ya   ingawa

❶ Jana nilicheza _____ rafiki zangu.

❷ Minsu husoma _____ kuoga.

❸ Amina analia _____ alipoteza kibeti chake.

❹ Minsu anampenda Amina _____ Amina anamchukia Minsu.

5 여러분의 경우 다음 질문을 어떻게 답하실 거예요? 예시문을 참고하세요.

❶ Kwa kawaida wewe husoma na nani? 주로 누구와 공부하세요?

→ _____

> **예문**
>
> ① Mimi husoma na rafiki zangu. 저는 친구와 공부해요.
>
> ② Mimi husoma peke yangu. 저는 혼자서 공부해요.

❷ Kwa nini unasoma Kiswahili? 왜 스와힐리어를 공부하세요?

→ _____

> **예문**
>
> ① Ninasoma Kiswahili ili niweze kuongea lugha ya kiafrika.
>
> 저는 아프리카의 언어를 말하고 싶어서 스와힐리어를 해요.
>
> ② Ninasoma Kiswahili kwa sababu nililazimishwa.
>
> 누가 공부하라고 억지로 시켰어요.
>
> ③ Ninasoma Kiswahili kwa vile ni lugha ya kufurahisha.
>
> 재미있어서 공부해요.

❸ Kwa kawaida, wewe hufanya nini baada ya kula? 밥 먹은 후 주로 뭐하세요?

→ _____

> **예문**
>
> ① Mimi hupumzika baada ya kula. 저는 밥 먹고 쉬어요.
>
> ② Mimi hunywa kahawa baada ya kula. 저는 밥 먹고 커피를 마셔요.
>
> ③ Mimi hutembea kidogo baada ya kula. 저는 밥 먹고 산책해요.

문화 Mila na tamaduni

Track 42

Tohara

Tohara ni muhimu sana katika kabila nyingi za Afrika Mashariki. Tohara za kitamaduni hufanywa na makabila mengi nchini Tanzania na Kenya. Kwa kawaida, tohara hufanywa Disemba kwa vile wavulana wengi huwa katika likizo. Kitamaduni, katika jamii ya Wakurya, mvulana asipolia anapopashwa tohara hufanyiwa sherehe iitwayo 'saro'. Katika sherehe hii, mvulana huvishwa vitenge na kuzungushwa barabarani huku ngoma zikipigwa. Kila anapopita, yeye hupokea pesa kutoka kwa watu mbalimbali.

전통방식 – 할례

동아프리카 부족에서는 포경 수술이 매우 중요하다. 현재도 어떤 부족들은 포경 수술을 전통 방식으로 한다. 예를 들어, 탄자니아에 있는 '쿠랴' 부족에선 전통 포경 수술을 하는데, 보통 12살 때 학교가 방학 했을 때 포경 수술을 한다. 포경 수술을 할 때 남자가 울지 않으면 진정한 남자로서 존경을 받고 부모는 'saro'라는 전통 행사를 해준다. 이 행사 동안, 수술을 무사히 마친 남자는 전통 옷을 입고 길을 다니고 다른 사람들은 그를 위해 북을 친다.

Safari

여행

대화 Mazungumzo

다음 대화를 듣고 빈칸을 채워보세요.

Minsu   Hamisi , umelipa _____?

Hamisi   Bado sijalipa. Kondakta! Watu wawili mpaka Nakuru ni pesa

ngapi?

Kondakta   Ni _____ _____ _____.

Hamisi   Ndio hii nauli. (Anampa shilingi elfu moja.)

Kondakta   Ndio hii chenji yako.

Minsu   Ni masaa mangapi mpaka mbuga ya wanyama ya Nakuru?

Kondakta   Masaa matatu.

≫ 대화 해석

민수	하미시, 버스비 냈어요?
하미시	아직 안 냈어요.
	버스 차장! 나쿠루까지 두 명이면 얼마예요?
버스 차장	사백 실링이에요.
하미시	여기요. (천 실링을 준다.)
버스 차장	거스름돈이에요.
민수	나쿠루 국립공원까지 얼마나 걸려요?
버스 차장	세 시간 쯤 걸려요.

Msamiati mpya 새 단어

nauli	교통비	mbuga ya wanyama ya Nakuru	나쿠루 국립공원
lipa nauli	교통비를 내다		
kondakta	버스 차장	mizigo	짐
chenji	거스름	usijali	걱정하지 마세요

어휘 Msamiati

1 Vyombo vya usafiri 교통 수단

basi

matatu (KE) / daladala (TZ)

meli

ndege

baisikeli

pikipiki

2 Msamiati unaotumika katika usafiri 여행 관련 어휘

pasipoti	여권	steji	정류장
panda gari	차를 타다	shuka gari	차에서 내리다
nauli	교통비	ramani	지도

3 Starehe 취미

kusoma	책을 읽는 것	kuongea na rafiki	친구와 이야기하는 것
kuimba	노래를 부르는 것	kuendesha baisikeli	자전거를 타는 것
kucheza kandanda /soka	축구를 하는 것	kutembea	산책하는 것
kuandika	쓰는 것	kusikiliza redio	라디오를 듣는 것
kutazama televisheni	TV를 보는 것	kupika	요리하는 것

4 Mbuga za wanyama 국립공원

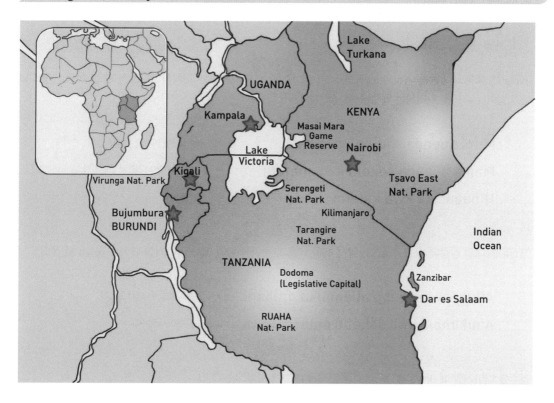

5 Wanyama wa mwituni 야생동물

simba

ndovu

chui

kifaru

nyati

twiga

문법 및 표현   Sarufi na matumizi ya lugha

1 'Kwa'의 사용법

'Kwa'는 행동의 방향을 가리키는 역할을 하는데, 9과에서 볼 수 있는 것처럼 'kwa'는 또한 행동이 일어나는 방법이나 수단을 가리키는 역할을 하기도 한다.

Mimi huenda shuleni kwa basi.	저는 (보통) 버스로 학교에 간다.
Mama alienda sokoni kwa matatu.	어머니가 '마타투'로 시장에 갔다.
Ninaandika kwa kalamu.	펜으로 쓴다.

'Kwa'는 여러 상황에서 쓸 수 있다. 앞서 배운 내용과 같이 이유에 대해 이야기할 때에도 'kwa'를 쓴다.

Alilia kwa sababu alianguka mtihani.	그는 시험을 못 봐서 울었다.
Anakimbia kwa sababu amechelewa.	그는 늦어서 달린다.

분수를 이야기할 때 'kwa'를 쓴다. 보통 분자를 읽고 분모를 읽는다.

mbili kwa tatu	삼 분의 이

2 Starehe 취미

취미에 대해 질문하고 답할 때 쓰는 표현을 배워 보자.

> ~penda   +   kitenzi nomino 'ku'
>
> 좋아하다   'ku'동명사 (동사의 명사형)

A : Unapenda kufanya nini wakati wa starehe?	한가할 때 뭐 하는 걸 좋아해요?
B : Ninapenda kucheza kandanda.	축구하는 걸 좋아해요.
A : Unapenda kufanya nini wakati wa starehe?	한가할 때 뭐 하는 걸 좋아해요?
B : Ninapenda kusoma vitabu.	나는 책을 읽는 걸 좋아해요.

'~penda'는 '좋아하다'를 뜻하는 동사이다. 위 문장에서 'wakati wa starehe'는 '한가할 때'라는 뜻인데 위의 질문을 굳이 해석하자면 '당신은 한가할 때 무엇을 하는 것을 좋아해요?'이다. 스와힐리어에는 '취미'란 단어가 없어서 이렇게 표현할 수 밖에 없다. 이 외에도 어떤 사람은 'hobi'란 말을 쓰기도 한다.

다른 사람한테 '사랑하다'는 말을 표현할 때 'ninakupenda'라고 말한다. 실제로 스와힐리어 노래를 들으면 가장 많이 나오는 단어들에는 'ninakupenda'와 '사랑'을 뜻하는 'mapenzi'이다.

3 She'ng 스와힐리어의 속어

케냐에서 사람들은 'She'ng'이라는 속어를 많이 쓴다. 케냐에서 쓰이는 속어는 기본적으로 영어와 스와힐리어를 섞어 만든 것이고 라디오에서 자주 쓰일 정도로 널리 퍼져 있다. 이 속어는 심지어 다른 동아프리카 나라로도 전파되었다. 한편 'She'ng'은 스와힐리어뿐만 아니라 다른 부족들의 단어들도 섞어 쓰기도 하고, 일부는 아예 새롭게 만들어진 용어도 있다. 'She'ng'에 속하지 않는 속어들도 포함하여, 흔히 쓰이는 속어와 그 의미를 살펴보자.

주의 : 이 내용은 케냐의 나이로비에서만 사용하는 속어이며, 스와힐리어에 대한 재미와 흥미를 유발하기 위한 것일 뿐이다. 일상생활에서는 사용하지 않는 것이 좋다.

mzae	아버지	fiti	괜찮다
masa	어머니	budesko	부자
imeweza	좋다 / 훌륭하다	haina noma	좋다
mbogi	익숙한 사람	kutesa	술 먹다

속어는 자주 바뀌고 지역마다 다르다. 스와힐리어를 배울 때 속어를 외울 필요 없지만 알아 두는 것은 좋을 것이다.

연습 Mazoezi

1 아래의 대화를 읽어 보세요.

> **대화 1**
>
> A : Mimi ninapenda kuimba nyimbo.   저는 노래 부르는 걸 좋아해요.
>   Wewe unapenda kufanya nini?   당신은 무엇을 하는 걸 좋아해요?
> B : Ninapenda kutazama video.   저는 비디오 보는 걸 좋아해요.
>   Unapenda kuimba nyimbo gani?   어떤 노래를 부르는 걸 좋아해요?
> A : Ninapenda kuimba nyimbo juu ya mapenzi.   사랑에 대한 노래를 부르는 걸 좋아해요.

> **대화 2**
>
> A : Wewe huenda shuleni kwa basi?   당신은 버스로 학교에 가곤 하나요?
> B : Hapana. Mimi huenda shuleni kwa baisikeli.   아니요. 자전거로 가요.
> A : Shule yako iko wapi?   학교가 어디에 있어요?
> B : Shule yangu iko karibu na nyumba yetu.   우리 집에서 가까이 있어요.

2 본문을 다시 듣고 다음 질문에 답하세요.   Track 43

❶ Minsu na Hamisi wanaenda wapi?

_____

❷ Chenji ya Hamisi ni pesa ngapi?

_____

3 동아프리카 국가의 한 지역으로 여행을 다녀왔다고 생각하고 일기를 써 보세요.

아래의 예문은 민수가 나쿠루 국립 공원에 다녀온 날 일기를 쓴 거에요.

Tarehe 5 Mwezi wa 5 Mwaka wa 2014
Leo nilienda kuona wanyama wa mwituni katika mbuga ya wanyama ya Nakuru.
Mbuga hii iko mjini Kenya. Mbuga hii ni maarufu sana.
Niliona simba, chui na kifaru. Wanyama hawa ni wakubwa sana. Pia, niliwaona
flamingo wengi. Flamingo wana manyoa ya rangi ya pinki. Ndege hawa ni
warembo sana.
Kesho kutwa nitarudi Korea Kusini. Nina huzuni kwa sababu sitawaona Amina na
Hamisi tena. Mwaka ujao nitarudi kuwatembelea na kusoma Kiswahili.

Tarehe _____ Mwezi wa _____ Mwaka wa _____

유튜브로 'Malaika-Learning through Songs'를 검색해 보세요. 'Malaika'는 아주 유명한 사랑에 대한 곡입니다.

Malaika

(na Dr Fadhili William)

Malaika , nakupenda malaika

Malaika , nakupenda malaika

Nami nifanyeje , kijana mwenzio

Nashindwa na mali sina we , ningekuoa malaika

Nashindwa na mali sina we , ningekuoa malaika

Kidege , hukuwaza we kidege

Kidege , hukuwaza we kidege

Nami nifanyeje , kijana mwenzio

Nashindwa na mali sina we , ningekuoa we kidege

Nashindwa na mali sina we , ningekuoa we kidege

Pesa , zasumbua roho yangu

Pesa , zasumbua roho yangu

Ningekuoa kidege , ningekuoa dada

Nashindwa na mali sina we

Ningekuoa malaika

Nashindwa na mali sina we

Ningekuoa malaika

Msamiati mpya 새 단어

malaika	천사	*mali sina	재산이 없다
nami nifanyeje	어떻게 할까?	kidege	작은 새
kijana mwenzio	너의 동기	hukuwaza	주로 널 생각한다
~shindwa	하지 못 하다	pesa	돈
mali	재산	~sumbua	괴롭히다

※ 이 곡에서는 mali sina로 쓰였지만 문법적으로는 sina mali가 맞는 표현이다.

문화 Mila na tamaduni

 Track 45

Utalii

Nchi za Afrika Mashariki zina maeneo mbali mbali yanayovutia watalii. Katika nchi ya Kenya , mbuga ya Masai Mara na mbuga ya Tsavo ni maarufu sana. Pia kuna maeneo mbali mbali ya kihistoria. Mji wa Mombasa una pwani iliyo na mchanga mweupe. Pwani hii ni ya kupendeza na ni maarufu kwa watalii.

Tanzania ina vivutio mbalimbali ambavyo huipatia Tanzania watalii wengi kila mwaka. Mbuga ya wanyama ya Serengeti inayopatikana kaskazini mwa Tanzania ndio mbuga kubwa zaidi nchini Tanzania iliyo na wanyama kama simba, chui, tembo, kifaru pamoja na twiga. Vilevile mlima Kilimanjaro, mlima mrefu kuliko yote barani Afrika ambao pia hupatikana kaskazini mwa Tanzania.

관광업

동아프리카에서 관광지가 많다. 케냐에서는 마사이 마라와 차보 국립 공원이 아주 유명하다. 뿐만 아니라, 역사적 유적지도 많다. 몸바사 도시의 바닷가의 모래는 부드럽고 하얗기로 유명하다. 이 바닷가는 매우 아름다워서 해마다 많은 관광객들이 다녀가는 곳이다. 탄자니아는 여러 관광지가 있어서 매년 많은 외국인들이 탄자니아에 다녀간다. 북쪽에 있는 'Serengeti(세렝게티)' 국립공원 은 매우 넓고 탄자니아에서 가장 유명한 국립공원이다. 세렝게티에는 사자, 코끼리, 치타, 기린, 등 다양한 동물들이 있다. 아프리카에서 가장 높은 산인 '킬리만자로 산' 또한 탄자니아에 있다.

MAJIBU 정답

1 안녕하세요!
Hujambo!

2

1. Minsu ametoka Korea Kusini.
2. Minsu ni mwanafunzi katika Chuo Kikuu cha Seoul.

3

1. Jina langu ni Amelie.
   Mimi ni Mfaransa.
2. Jina langu ni Uwe.
   Mimi ni Mjerumani
3. Jina langu ni Luigi.
   Mimi ni Mwitalia.
4. Jina langu ni Amir.
   Mimi ni Mtanzania.

4

1. Jina langu ni Juma.
   Nimetoka Amerika.
   Mimi ni daktari.
2. Jina langu ni Baraka.
   Nimetoka Tanzania.
   Mimi ni mwalimu.
3. Jina langu ni Githu.
   Nimetoka Kenya.
   Mimi ni mpishi.

5

1. Jina langu ni Daudi.
   Nimetoka Uingereza lakini ninaishi Nakuru, Kenya.
   Mimi ni mwalimu wa historia.

2. Medina : Habari ya mchana?
   Maria   : Nzuri sana. Yako je?
   Medina : Nzuri pia.
   Maria   : Tuonane tena.
   Medina : Kwaheri!

6

gani, sana, Hakuna Matata

2 우리 집에 오신 것을 환영합니다!
Karibu nyumbani!

2

1. Minsu na Hamisi wamo nyumbani.
2. Chakula hupikwa jikoni.

3

Ngeli	Nomino
A-WA	mwanafunzi, kuku
KI-VI	kisu, kiberiti
U-I	mti, mmea
LI-YA	jiwe
U-ZI	ufagio, ufunguo
I-ZI	kamusi, sentensi, sabuni

4 보기

kabati	redio	blanketi
dawa ya meno	mswaki	jokofu / friji

3 교실에서
Darasani

2

1. Jina la mwanafunzi mpya ni Minsu.
2. La, si cha Petero.

3

Ngeli	Nomino
U-U	unga, uerevu, ujinga
I-I	miwani,
YA-YA	maziwa, mafuta,
KU-KU	kuimba, kusoma

4

Mvua inanyesha.

Kahawa imemwagika.

Kusoma kwingi kunachosha.

Ugali umepikwa.

5

대화 1

A : Karibu katika somo la Kiswahili.

B : Asante. Jina langu ni Musa.

A : Umetoka wapi?

B : Nimetoka Ujerumani.

대화 2

A : Maji yamemwagika.

B : Chota mengine.

A : Sina wakati.

B : Uvivu wako umezidi.

---

4 은행이 어디에 있어요?
Benki liko wapi?

2

1. Lipo kando ya gorofa ya KICC.
2. Minsu na Hamisi wanaenda kwa benki.

3

대화 1

A : Kikombe kiko wapi?

B : Kikombe kipo juu ya meza.

대화 2

A : Mpishi yuko wapi?

B : Mpishi yupo jikoni.

대화 3

A : Mwalimu yuko wapi?

B : Mwalimu yumo darasani.

대화 4

A : Maziwa yako wapi?

B : Maziwa yamo ndani ya pakiti.

4

Kisu kiko wapi?

Kisu kipo juu ya meza.

Kisu kipo chini ya meza.

Kisu kipo katikati ya vikombe.

Minsu yuko wapi?

Minsu yupo kando ya Hamisi.

Minsu yumo jikoni.

Minsu amesimama kado ya barabara.

5

Kenya ipo kusini mwa Uhabeshi.
Kenya ipo magharibi mwa Uganda.
Tanzania ipo kusini mwa Kenya.

| 5 | 도시에서
Mjini |

2

1. La, mji wa Seoul ni mkubwa kuliko mji wa Nairobi.
2. Minsu anataka kwenda Mombasa.

3

Mwanafunzi ni mnene.

Msichana ni mfupi.

Kiatu hiki ni ghali.

Amina ni mrembo.

Yuna ni hodari.

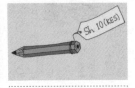

Penseli ni (bei) rahisi.

4

A: Wewe unafanya kazi gani?
B: Mimi ni mwanafunzi.
A: Unasoma wapi?
B: Ninasoma katika Chuo Kikuu cha Nairobi.
A: Wewe ni hodari katika kazi gani?
B: Mimi ni hodari katika kazi ya ujenzi.
A: Karibu katika kampuni yetu.
B: Asante.

5

Minsu anakula.

Hamisi anacheza mpira.

Amina anasoma.

6

1. Mti mwembamba umekatwa.
2. Kiti kirefu kimevunjika.
3. Msichana anasoma kitabu polepole.
4. Mwalimu hodari analima.
5. Amina anaimba wimbo.

| 6 | 전화 번호
Nambari ya simu |

2

1. Si wengi, kuna wanafunzi kumi na mmoja tu.
2. Walimu wote wa Kifaransa ni watano.

3 숫자를 스와힐리어로 써 주세요.

246	Mia mbili arobaini na sita
550	Mia tano na hamsini
620	Mia sita na ishirini

4

201	Mia mbili na moja
27	Ishirini na saba
104	Mia moja na nne

35	Thelathini na tano
113	Mia moja kumi na tatu
650	Mia sita na hamsini
999	Mita tisa tisini na tisa
710	Mia saba na kumi

5

1. Mtoto anacheza.
   Watoto wanacheza.
2. Kisu kizuri kimepotea.
   Visu vizuri vimepotea.
3. Kikombe kimeanguka.
   Vikombe vimeanguka.
4. Sukari inamwagika.
   Sukari inamwagika.
5. Jicho linauma.
   Macho yanauma.
6. Maji yameisha.
   Maji yameisha.

6

Wanafunzi wanaenda shuleni.

Wasichana wanapika.

Watoto wanalala.

Wanafunzi wanasoma.

2

1. Itaisha saa mbili usiku.
2. Minsu na Amina wameagana kukutana mbele ya kituo cha mabasi.

3

1. Mama amina alipika chakula kizuri.
2. Mimi ninaimba wimbo na Juma anasoma kitabu kwa bid2.
3. Maria anacheza densi.
4. Minsu alienda Kenya.
5. Manukato anevalia nguo nzuri.
6. Yeye analima shambani.
7. Wanafunzi wanacheza uwanjani.

4 아래의 시간을 스와힐리어로 읽어 보시오.

7 : 5 AM	2 : 35 PM
Saa moja na dakika tano.	Saa nane na dakika thelathini na tano.

7 : 50 PM	4 : 28 PM
Saa mbili kasoro dakika kumi.	Saa kumi na dakika ishirini na nane.

8 : 25 AM	2 : 43 AM
Saa mbili na dakika isirini na tano.	Saa nane na dakika arobaini na tatu.

mchana
Saa saba unusu.

asubuhi
Saa nne kasoro dakika tano.

usiku
Saa moja.

5

주의 : 날짜를 읽을 때, 일을 먼저 읽고 년을 마지막으로 읽는다.

1991/02/25 – Tarehe ishirini na tano, mwezi wa pili,mwaka wa elfu moja tisini na moja.

2014/03/05 – Tarehe tano, mwezi wa tatu, mwaka wa elfu mbili na kumi na nne.

2100/05/02 – Tarehe mbili, mwezi wa tano, mwaka wa elfu mbili mia moja.

8 | 옷 가게에서
Duka la nguo

2

1. Viatu anavyotaka Minsu ni shilingi elfu mbili.
2. Kwa shilingi mia mbili.

3

Huu ni mti

Hii ni picha.

Hii ni penseli.

Huyu ni mwanafunzi.

Hii ni chupa.

Hii ni simu.

9 | 병원에서
Hospitalini

2

Minsu yumo hospitalini.

Minsu ana homa kali.

3

mgongo : 등	tumbo : 배	sikio : 귀
pua : 코	shingo : 목	bega : 어깨
ulimi : 허		

4

Hamisi anaimba kwa furaha.

Amina anasoma kwa bidii.

Mvulana anaendesha baiskeli polepole.

Wasichana wanacheza kwa bidii.

Minsu anaendesha gari polepole sana.

Mvulana anakohoa sana.

10 | 가족
Ukoo

2

Minsu na Hamisi wako katika kijiji cha Mbile.

Jina la mjomba wa Hamisi ni Ali.

3

1. Maria anaendesha gari lake.
2. Minsu aliukata mti wake.
3. Chako ni changu na changu ni chako.
4. Minsu na Hamisi wanapanga viti vyao.

4

1. Gari la Juma limeharibika.
2. Darasa la Kiswahili linafurahisha.
3. Kitabu cha Hamisi kilipotea.
4. Chupa za pombe zimepotea.

5 가족

1. Maimuna ni nyanya wa Ali.
2. Yosefu ni baba wa Hamisi.
3. Mariamu ni shangazi wa Ali.
4. Juma ni mjukuu wa Yosefu.
5. Ali na binamu wa Juma.

11 소다를 마시고 싶지 않아요
Sitaki soda

2

1. Minsu ameagiza ugali kwa mboga.
2. La, hatakunywa soda.

3

1. Amina anasoma.
   Amina hasomi.
2. Juma anacheza na Maria.
   Juma hachezi na Maria.
3. Mila aliagiza chakula.
   Mila hakuagiza chakula.
4. Paka alikula chakula.
   Paka hakula chakula.
5. Minsu anajua kuongea Kiswahili.
   Minsu hajui kuongea Kiswahili.
6. Mji wa Nairobi ni mkubwa sana.
   Mji wa Nairobi si mkubwa sana.

4

1. Maria hakuanguka mtihani.
   Maria alianguka mtihani.
2. Minsu hakuenda Kenya.
   Minsu alienda Kenya.
3. Kitabu hiki si changu.
   Kitabu hiki ni changu.
4. Petero hajui kusoma Kifaransa.
   Petero anajua kusoma Kifaransa.
5. Amina halali darasani.
   Amina analala darasani.
6. Jabali hapendi ugali.
   Jabali anapenda ugali.
7. Amina si msichana mrembo.
   Amina ni msichana mrembo.

12 날씨
Hali ya hewa

2

1. Kuna joto jingi.
2. Hamisi na Minsu walikuwa wanapanga kwenda kutazama mchezo wa raga.

3

Kuna upepo.

Kuna mvua.

Kuna joto.

Kuna jua kali.

Kuna umeme.

Kuna mawingu.

4

1. Jana nilicheza pamoja na rafiki zangu.
2. Minsu husoma baada ya kuoga.
3. Amina analia kwa sababu alipoteza kibeti chake.
4. Minsu anampenda Amina ingawa Amina anamchukia Minsu.

13 | 여행
Safari

2

Minsu na Hamisi wanaenda katika mbuga ya wanyama ya Nakuru.

Chenji ya Hamisi ni shilingi mia sita.

단어집

ORODHA YA MSAMIATI

동 사

~amka	일어나다
~kaa	앉다, 머무르다
kupitia	...을 통하다
~kuta	만나다
~ona	(눈으로) 보다
~toka	…에서 오다
~vuka	건너다
~zingatia	강조하다
~jenga	짓다
~badilika	변하다
~pika	요리하다 / 익히다
~pumzika	쉬다
sahau	잊어버리다
~ingia	들어가다
~ona	보다
~elekeza	가리키다
~ingia	들어가다
~cheza	놀다
~chota maji	물 가져 오다
~funga	닫다
	(funga kitabu 책을 덮다)
~imba	노래를 부르다
~keti / kaa	앉다
kwenda haja	화장실에 가다
~mwagika	쏟다
~simama	서다
~badili	바꾸다
~taka	원하다
~uliza	묻다
~funza	가르치다
~imba	노래하다

~lima	땅을 파다 / 농사를 짓다
~kula	먹다
~soma	읽다 / 공부하다
~tembea	걷다
~endesha	운전하다
~enda	가다
~pumzika	쉬다
~potea	잃다
~chelewa	늦다
~uza	팔다
~nunua	사다
~punguza	줄이다
~kohoa	기침하다
~umwa na kichwa	머리가 아프다
~hisi	느끼다
~tumia	쓰다 /이용하다
~meza	삼키다
~bisha	문을 두드리다
~penda	좋아하다
~kunywa	마시다
~agiza	주문하다
~leta	가져오다
~tarajia	예상하다
~sababisha	하게 하다
~waza	생각하다
~panda gari	차를 타다
~shuka gari	차 안에서 내리다

1 안녕하세요! Hujambo!

≫ 직업

daktari	의사

mpishi	요리사
mwalimu	선생님
mwanafunzi	학생
mkulima	농부
weita	웨이터
mhandisi	엔지니어
rais	대통령

≫ 기타

furaha	행복
karibu	환영합니다
kazi	직업
Korea Kusini	한국
langu [~angu]	저의
maamkizo	인사
mchana	점심 시간대
muhimu	중요하다
nchi	나라
safari	여행
salama	안전하다
tamaduni	문화
uhusiano	관계
wafanyakazi	노동자

samahani	실례합니다, 미안합니다

≫ 기타

baadaya	후에
bei	가격
chai	(마시는) 차
chakula	음식
fuata	따라하다
jamii	가족 / 부족
kijiko	숟가락
pashwa tohara	포경 수술을 받다
maji	물
mfano	예
mila	문화
mvulana	남자
nchi za magharibi	서방국가
nyumbani	집에
sababu	이유
samahani	미안하다
sawa	괜찮다 / 비슷하다
utotoni	어린 시절
wazazi	부모님
zamani	옛날

2	우리 집에 오신 것을 환영합니다! Karibu nyumbani!

≫ 인사 표현

asante / ahsante	감사합니다
pole	미안합니다
niwie radhi	실례합니다
tafadhali	부탁할 때 (Please)
nisaidie	도와 주세요

3	교실에서 Darasani

≫ 교실 에서

historia	역사
jina	이름
chaki	분필
darasa la Kiswahili	스와힐리어 수업
kifutio	지우개

kitabu	책
penseli	연필
kifutio	지우개
ubao	칠판
kalenda	캘린더
kalamu	볼펜
dawati	책상
picha	사진
saa	시계
ukurasa	쪽, 페이지

≫ 기타

chosha [~choka]	피곤하게 하다
haraka	빨리
jitambulisha [~tambua]	자기 소개를 하다
mafuta	기름
maji	물
maziwa	우유
miwani	안경
mpya	새
mvua	(하늘에서 내리는) 비
mzembe	게으르다
Niwie radhi	실례합니다
polepole	천천히
pupa	마음이 급하다
uerevu	지능
ujinga	어리석음

4	은행이 어디에 있어요? Benki liko wapi?

≫ 장소

bweni	기숙사
chuo kikuu	대학교
makaazi	숙소
chumba cha kujisaidia (완곡어) / choo	화장실
chumba cha kulala	방
sebuleni	거실에
shule ya upili	고등학교
msalani	화장실
benki	은행
gorofa	탑 / 높은 건물
kanisa	교회
mto	가게
msikiti	이슬람 사원
ofisini	사무실
shule	학교
soko	시장
uwanja	운동장
mji	도시
mkahawa	커피 나무 / 식당
shamba	농장

≫ 위치

nyuma ya	뒤에
mbele ya	앞에
juu ya	위에
chini ya	밑에
kando ya	옆에

≫ 기타

kikombe	컵
kubadilisha dola	달러를 환전하다
mkaazi	거주자
njia	길
paka	고양이
pamoja	같이
twende [~enda]	가자

5	도시에서 Mjini

≫ 형용사

~baya	나쁘다
~chafu	더럽다
~dogo	작다
~embamba	날씬하다 / 좁다
~erevu	똑똑하다
~fupi	낮다
~hodari	익숙하다
~jinga	어리석다/ 바보
~kubwa	크다
~nene	뚱뚱하다
~refu	높다
~rembo	예쁘다
~zuri	좋다
safi	깨끗하다
~gumu	어렵다
ghali	비싸다
rahisi	싸다

≫ 색깔

rangi ya anga	하늘색
~eusi	검다
~eupe	하얗다
~ekundu	빨갛다
kijani	녹색
hudhurundi	갈색
buluu	파란색

≫ 기타

barabarani	길
chupa	병
jiwe	돌
kiatu	신발
kiu	목 마르다
kuliko	…보다 더
lakini	하지만, 그런데
njaa	배고픔
raha	즐거움
sauti ndogo	작은 목소리
sauti	목소리
uchovu	피로
ufunguo	열쇠
ugonjwa	병
wimbo	노래

6	전화 번호 Nambari ya simu

≫ 기타

jicho	눈
jino	이 (몸)

kamusi	사전
nambari ya simu	전화번호
sukari	설탕
ufagio	빗자루
ukuta	벽
upendo	사랑
wengi [~engi]	많은

7 몇 시예요?
Ni saa ngapi?

≫ 하루에 분할

alfajiri	새벽
asubuhi	아침
mchana	*점심 오후 12시–2시
alasiri	오후 2시–5시
jioni	*저녁 5시–7시
usiku	밤에

≫ 요일

jumatatu	월요일
jumanne	화요일
jumatano	수요일
alhamisi	목요일
ijumaa	금요일
jumamosi	토요일
jumapili	일요일

≫ 월

Januari / mwezi wa kwanza	1월
Februari / mwezi wa pili	2월
Machi / mwezi wa tatu	3월
Aprili / mwezi wa nne	4월
Mei / mwezi wa tano	5월
Juni / mwezi wa sita	6월
Julai / mwezi wa saba	7월
Agosti / mwezi wa nane	8월
Septemba / mwezi wa tisa	9월
Octoba / mwezi wa kumi	10월
Novemba / mwezi wa kumi na moja	11월
Disemba / mwezi wa kumi na mbili	12월

≫ 일

tarehe moja	1일
tarehe mbili	2일
tarehe tano	5일
…	
tarehe kumi	10일
tarehe kumi na moja	11일
tarehe kumi na mbili	12일
tarehe kumi na tatu	13일
…	
tarehe kumi na saba	17일
tarehe kumi na nane	18일
tarehe kumi na tisa	19일
tarehe ishirini	20일
tarehe ishirini na moja	21일
tarehe ishirini na mbili	22일
tarehe ishirini na tatu	23일
tarehe ishirini na nne	24일
…	
tarehe thelathini	30일
tarehe thelathini na moja	31일

≫ 시간과 관련된 어휘

dakika	분
sekunde	초
kamili	정각
unusu	반
robo	15분
kasoro	전
kasorobo (kasoro+robo)	15분 전

≫ 기타

Umeshindaje?	어떻게 지냈어요?
sinema	영화
mpango	계획

8 | 옷 가게에서
Duka la nguo

≫ 패션 / 잡화

bangili	팔찌
mkufu	목걸이
pete	반지

≫ 남자 의류

shati	셔츠
koti	코트
long'i	바지
miwani	안경
tai	타이
mshipi	벨트
kofia	모자
soksi	양말

≫ 여성 의류

blauzi	블라우스
bangili	팔찌
sketi	스커트
kisigino	구두
herini	귀걸이
Nipunguzie bei.	깎아 주세요.

9 | 병원에서
Hospitalini

≫ 신체 부위

jicho	눈
kifua	가슴
mkono	팔
mguu	다리
nywele	머리카락
kichwa	머리
mdomo	입
matako	엉덩이
goti	무릎
kidole	손 가락
ndevu	수염
sikio	귀

≫ 기타

shida	불편함/나쁜 일
lini	언제
jana	어제
maumivu	아픔
kifua	가슴

koo	목
dawa	약

10 가족
Ukoo

≫ 가족

babu	할아버지
nyanya	할머니
baba	아버지
mama	어머니
kaka	오빠, 형, 남동생
dada	언니, 누나, 여동생
mjomba	삼촌, 외삼촌
shangazi	고모, 이모, 숙모
binamu	사촌
mjukuu	손주
mke	아내
mume	남편
mwana	자식
mzazi	부모

11 소다를 마시고 싶지 않아요
Sitaki soda

≫ 기타

basi	그러면
tena	그리고 / 게다가

≫ 음식과 음료

ugali	우갈리
chapati	차파티(빵의 일종)

sukuma wiki	야채
dagaa	생선 종류
wali	밥(익힌 쌀)
nyama	고기
nyama ya ng'ombe	소고기
nyama ya nguruwe	돼지 고기
samaki	생선
mayai	계란
maziwa	우유
mahindi	옥수수

≫ 과일

embe	망고
ndimu	라임(열매)
papai	파파야
tikiti maji	수박
ndizi	바나나
pasheni	패션프루트(passion fruit)
nanasi	파인애플

≫ 식사

chakula cha asubuhi	아침 식사
chakula cha mchana	점심 식사
chakula cha jioni	저녁 식사

12 날씨
Hali ya hewa

≫ 날씨

mvua	비
jua	해 / 햇빛
upepo	바람

mawingu	구름
baridi	춥다
ukame	가뭄
joto	덥다
umeme	번개
radhi	천둥
theluji	눈
barafu	얼음

13 | 여행
Safari

≫ 교통수단

basi	버스
meli	배
matatu	미니밴 자동차
ndege	비행기
garimoshi	기차
pikipiki	오토바이
baisikeli	자전거

≫ 여행과 관련된 어휘

pasipoti	여권
steji	정류장
nauli	교통비
ramani	지도

MA

UNGUMZO 회화대본

1 안녕하세요!
Hujambo!

≫ **Track 7**

Minsu	: Hujambo!
Hamisi	: Sijambo! Karibu Kenya! Jina langu ni Hamisi. Jina lako nani?
Minsu	: Jina langu ni Minsu.
Hamisi	: Umetoka nchi gani?
Minsu	: Nimetoka Korea Kusini. Mimi ni mwanafunzi katika Chuo Kikuu cha Seoul.
Hamisi	: Nimefurahi kujuana na wewe.
Minsu	: Nimefurahi kujuana na wewe pia.

민수	: 안녕하세요.
하미시	: 안녕하세요. 케냐에 오신 것을 환영합니다. 제 이름은 '하미시'인데, 이름이 뭐예요?
미수	: 제 이름은 '민수'예요.
하미시	: 어디에서 왔어요?
민수	: 한국에서 왔어요. 저는 서울대학생이에요.
하미시	: 만나서 반갑습니다.
민수	: 저도 만나서 반갑습니다.

2 우리 집에 오신 것을 환영합니다!
Karibu nyumbani!

≫ **Track 10**

Hamisi	: Karibu nyumbani.
Minsu	: Asante sana Hamisi.
Hamisi	: Samahani, nikupe soda ama chai?
Minsu	: Niko sawa. Hamisi, hiki ni kiti?
Hamisi	: Hapana, hicho ni kijiko na huu ni mkeka.
Minsu	: Chakula hupikwa wapi?
Hamisi	: Chakula hupikwa jikoni.

하미시	: 집에 오신 것을 환영해요.
민수	: 고마워요, 하미시.

하미시	: 실례지만, 소다나 차를 마실래요?
민수	: 저는 괜찮아요. 하미시, 이것은 의자예요?
하미시	: 아니요. 그것은 숟가락이고 이것은 카펫이에요.
민수	: 음식은 주로 어디에서 만들어요?
하미시	: 음식은 주로 부엌에서 만들어요.

3 교실에서
Darasani

≫ **Track 13**

Mwalimu	: Hamjambo wanafunzi.
Wanafunzi	: Hatujambo mwalimu.
Mwalimu	: Leo tuna mwanafunzi mpya. (Akimwelekeza Minsu) jitambulishe.
Minsu	: Hamjambo. Jina langu ni Minsuni na nimetoka Korea.
Mwalimu	: Karibu katika darasa letu la Kiswahili.
Minsu	: Asante.

≫ Saa ya mapumziko

Minsu	: Niwie radhi, hiki ni kitabu chako?
Petero	: La.
Minsu	: Na penseli hii je?
Petero	: Ni ya Jenifa. Umeona chaki?
Minsu	: Hapana. Lakini nimeona kifutio...
Petero	: Sh! Mwalimu ameingia darasani.

선생님	: 안녕하세요.
학생들	: 선생님, 안녕하세요.
선생님	: 오늘 새로 온 학생이 있어요. (민수한테) 자기 소개 부탁합니다.
민수	: 안녕하세요. 제 이름은 민수이고 한국에서 왔어요.
선생님	: 우리 스와힐리 수업에 오신 것을 환영합니다.

≫ 쉬는 시간 때

민수	: 실례합니다만, 이 책은 당신 거예요?
베드로	: 아니오.
민수	: 이 연필은요?
베드로	: 제니퍼 거예요. 혹시 분필 봤어요?

민수   : 분필은 못 봤는데 지우개는 봤어요.
베드로   : 쉿! 선생님이 교실에 들어오세요.

4 은행이 어디에 있어요?
Benki liko wapi?

≫ **Track 16**

Hamisi   : Unauonaje mji wa Nairobi?
Minsu   : Ni mzuri sana. Benki la kubadilisha fedha liko wapi?
Hamisi   : Lipo kando ya gorofa ya KICC.
Minsu   : Duka la viatu je?
Hamisi   : Lipo nyuma ya benki.
Minsu   : Ninataka kubadilisha dola.
Hamisi   : Basi twende pamoja.

하미시   : 나이로비는 어때요?
민수   : 아주 좋아요. 그런데 환전할 은행이 어디에 있어요?
하미시   : KICC 타워 옆에 있어요.
민수   : 신발 가게는요?
하미시   : 은행 뒤에 있어요.
민수   : 제가 가지고 있는 달러를 환전하려고 해요.
하미시   : 그럼 같이 갑시다.

5 도시에서
Mjini

≫ **Track 19**

Minsu   : Mji wa Nairobi ni mkubwa sana.
Hamisi   : Ndio. Lakini mji wa Seoul ni mkubwa kuliko mji wa Nairobi.
Minsu   : Ninataka kwenda Mombasa.

≫ Wanapatana na Amina

Hamisi   : Amina! Habari yako?

Amina	: Njema.
Hamisi	: Huyu ni rafiki yangu. Anaitwa Minsu.
Minsu	: Nimefurahi kukujua.

민수	: 나이로비는 아주 크네요.
하미시	: 네, 하지만 서울이 나이로비보다 더 넓어요.
민수	: 몸바사에 가 보고 싶어요.

≫ 아미나를 만난다.

하미시	: 아미나, 잘 지내?
아미나	: 잘 지내고 있어.
하미시	: 이 쪽은 내 친구야. 민수라고 해.
민수	: 만나서 반가워요.

6 전화 번호
Nambari ya simu

≫ Track 22

Minsu	: Amina, je kuna wanafunzi wengi katika darasa lako?
Amina	: Kuna wanafuzi kumi na mmoja tu.
Minsu	: Walimu ni wangapi?
Amina	: Walimu wote wa Kifaransa ni watano.
Minsu	: Katika darasa langu la Kiswahili,kuna walimu wawili tu.
Amina	: Oh! Nisaidie na nambari yako ya simu.
Minsu	: Nambari yangu ya simu sufuri saba mbili, tisa nane saba, tano nne tatu.

민수	: 아미나 씨, 혹시 아미나 씨 반에 학생들이 많아요?
아미나	: 학생은 열한 명 밖에 없어요.
민수	: 선생님은 몇 분 계세요?
아미나	: 프랑스어 선생님은 모두 다섯 분이에요.
민수	: 스와힐리어 수업은 선생님이 두 명 밖에 안 계세요.
아미나	: 참! 전화번호 좀 가르쳐 주세요.
민수	: 제 전화번호는 072-987-5430이에요.

≫ Track 25

Minsu	: Kesho jioni una mpango gani?
Amina	: Sina mpango wowote.
Minsu	: Twende tukatazame sinema.
Amina	: Sinema itaanza saa ngapi?
Minsu	: Sinema itaanza saa kumi na mbili jioni na kuisha saa mbili usiku.
Amina	: Sawa. Tutakutana wapi?
Minsu	: Mbele ya kituo cha mabasi.

민수	: 내일 오후에 계획 있어요?
아미나	: 아무 계획 없어요.
민수	: 영화를 보러 갈까요?
아미나	: 영화가 몇 시에 시작해요?
민수	: 오후 여섯 시에 시작하고 밤 여덟 시에 끝나요.
아미나	: 그래요. 어디서 만날까요?
민수	: 버스 정류장 앞에서 만나요.

≫ Track 28

Muuzaji	: Karibu ndani.
Minsu	: Asante. Unauza viatu?
Muuzaji	: Ndio. Ninauza viatu tofauti tofauti.
Minsu	: Vile pale ni pesa ngapi?
Muuzaji	: Vile ni shilingi elfu mbili.
Minsu	: Ni ghali!
Muuzaji	: Hapana, si ghali. Hivi ni vya bei rahisi.
Minsu	: Nipunguzie bei tafadhali.
Muuzaji	: Nitakupunguzia kwa shilingi mia mbili.

판매자	: 어서 오세요.
민수	: 감사합니다. 신발을 파나요?
판매자	: 네, 다양한 종류를 팔아요.
민수	: 저기에 있는 신발은 얼마예요?
판매자	: 저 신발은 이 천 실링이에요.
민수	: 비싸요!
판매자	: 아닌데요. 별로 안 비싸요. 싼 신발이에요.
민수	: 깎아 주세요.
판매자	: 이 백 실링 깎아 드릴게요.

9 병원에서
Hospitalini

≫ Track 31

Daktari	: Karibu ndani.
Minsu	: Asante.
Daktari	: Una shida gani?
Minsu	: Ninakohoa sana.
Daktari	: Unaumwa na kichwa pia?
Minsu	: Ndio ninaumwa na kichwa pia.
Daktari	: Ulianza kuhisi hivyo lini.
Minsu	: Nilianza kukohoa jana.
Daktari	: Kutokana na yale uliyoniambia, una homa kali. Meza hii dawa mara mbili kwa siku.

의사	: 어서 오세요.
민수	: 감사합니다.
의사	: 어떻게 오셨어요?
민수	: 기침을 심하게 해요.
의사	: 머리도 아파요?
민수	: 네, 머리도 아파요.
의사	: 언제부터 아프기 시작했어요?
민수	: 어제부터 기침을 했어요.
의사	: 당신이 한 말에 따르면, 심한 감기에 걸린 것 같아요. 이 약을 하루에 두 번 드세요.

≫ Track 34

Hamisi	: Karibu katika kijiji cha Mbile.
Minsu	: Ni nani anaishi hapa?
Hamisi	: Mjomba wangu ndiye anayeishi hapa. Hii ni nyumba yake.

Hamisi	: Hodi!
Ali	: Oh! Hamisi! Karibu ndani.
Hamisi	: Huyu ni rafiki yangu. Anaitwa Minsu.
Ali	: Karibu sana. Mimi ni mjomba wa Hamisi na ninaitwa Ali.

하미시	: 'Mbile' 동네에 오신 것을 환영합니다.
민수	: 여기에 누가 살아요?
하미시	: 우리 삼촌께서 여기에 사세요. 이 집은 삼촌의 집이에요.

하미시	: 계세요?
알리	: 오! 하미시! 어서 와.
하미시	: 이 쪽은 제 친구예요. 민수라고 해요.
알리	: 어서 오세요. 저는 하미시의 삼촌이고 알리라고 해요.

≫ Track 37

Hamisi	: Minsu, utakula nini?
Minsu	: Nitakula ugali kwa mboga.
Hamisi	: Unapenda mboga gani?
Minsu	: Ninapenda sukuma wiki.
Hamisi	: Haya. Weita!
Weita	: Naam!
Hamisi	: Nisaidie na ugali kwa sukuma wiki sahani moja, chapati kwa nyama sahani moja na soda mbili.

Minsu	: Sitaki soda.
Hamisi	: Basi nipe soda moja.

하미시	: 민수, 뭐 먹을 거예요?
민수	: 'Ugali'랑 야채를 먹을 거예요.
하미시	: 무슨 야채를 좋아해요?
민수	: 'Sukuma wiki'를 좋아해요.
하미시	: 그래요! 웨이터!
웨이터	: 네!
하미시	: 'Ugali'랑 'sukuma wiki' 한 그릇, 그리고 'chapati'와 고기 한 그릇이랑 소다 두 병 주세요.
민수	: 소다를 마시고 싶지 않아요.
하미시	: 그럼 소다 한 병만 주세요.

12 날씨
Hali ya hewa

≫ Track 40

Minsu	: Hamisi, leo kuna joto jingi sana!
Hamisi	: Ndio, nina jasho jingi!
Minsu	: Ulitazama utabiri wa hali ya hewa?
Hamisi	: Sikutazama utabiri wa hali ya hewa. Kesho hali ya anga inatarajiwa kuwa aje?
Minsu	: Kesho kutakuwa na mvua na upepo mkali.
Hamisi	: Basi hatutaenda kutazama mchezo wa raga.
Minsu	: Mvua inatarajiwa kunyesha jioni. Mchezo wa raga utachezwa asubuhi.

민수	: 하미시, 오늘 아주 더워요!
하미시	: 네, 땀이 많이 나요.
민수	: 일기 예보를 봤어요?
하미시	: 일기 예보를 안 봤어요. 내일 날씨는 어떨까요?
민수	: 내일 비가 내릴 거고 바람도 많이 불 거예요.
하미시	: 그럼, 럭비 경기를 보러 가지 않을래요.
민수	: 비는 오후에 내릴 거고 경기는 오전에 해요.

≫ **Track 43**

Minsu	: Hamisi, umelipa nauli?
Hamisi	: Bado sijalipa. Kondakta! Watu wawili mpaka Nakuru ni pesa ngapi?
Kondakta	: Ni shilingi mia nne.
Hamisi	: Ndio hii nauli.
Kondakta	: Ndio hii chenji yako.
Minsu	: Ni masaa mangapi mpaka mbuga ya wanyama ya Nakuru?
Kondakta	: Masaa matatu.

민수	: 하미시, 버스비 냈어요?
하미시	: 아직 안 냈어요. 버스 차장! 나쿠루까지 두 명이면 얼마예요?
버스 차장	: 사백 실링이에요.
하미시	: 여기요.
버스 차장	: 거스름돈이에요.
민수	: 나쿠루 국립공원까지 얼마나 걸려요?
버스 차장	: 세 시간 쯤 걸려요.

MEMO

Acknowledgements

Photo credits

41   (Bottom right) ©Stefan Magdalinski/nn.wikipedia.org
53   (left to right) ©Sam Githogori Photography ; ©Ron Riekenberg/en.wikipedia.org
68   (Bottom right, KICC) ©Nairobi123/en.wikipedia.org
81   (Bottom) ©woodleywonderworks/flickr.com
96   (left to right) ©Edricson/en.wikipedia.org, ©Swahili-Pn/en.wikipedia.org
109   (Bottom) ©Vincent van Zeijst/en/wikipedia.org
121   (Bottom) ©Kariuki Photography
135   (Bottom left) ©Chen Hualin/en.wikipedia.org
157   (Bottom) ©Jpatokal/en.wikipedia.org